臨済禅居士
仏光

気持ちを切り替える
感情コントロール術

「気にしない」練習

〝メンタルリセット〟で、心を疲れさせない禅メソッド45

はじめに

はじめまして、仏光と申します。現在55歳の臨済宗人間禅居士です。坐禅の道に入り、10数年が経ちました。

本書は、「最近ついていない」「なんであんなこと言っちゃったんだろう」「もしかしたら自分だけ嫌われているのかも……」など、考えてもどうしようもならないような事柄を「気にしすぎ」てクヨクヨしっぱなしの、いわゆる〃気にしぃな人〃に向け、禅の真理をもとに、心をスッと楽にするための気持ちの切り替え方法をまとめたものです。

お釈迦様は人生の根本的な苦しみを「四苦八苦」にまとめました。俗に煩悩《ぼんのう》の数は108つと言いますが、細かく分析すると、約6万4000、さらには無限大（！）にもなるとか。人間、苦のタネには困らないものですね。

私がここに選び出した45の話題も、いかにも現代人に特有なものから、人類誕生以来ずっと抱えてきたものまで、さまざまなものがあります。

さながら「苦悩のレパートリー45話」とでも呼ぶべきものでしょう。

ただひとつ言っておきたいのは、どんなに悩みのレパートリーがあったところで、私の本心では答えはただひとつだということ。

すなわち「坐禅せよ」です。本当はこの一言をもって45問の答えと代えたいところですが、それでは不案内というものでしょう。ココロ忙しく、アタマで理解しない限り動き出したがらない現代人に訴える力にも欠ける。だいいち、本にする意味がない。

というわけで、本編では手を替え品を替え、縷々《るる》説明しておりますが、大事なのは理解ではなく実践です。知識ではなく智慧《ちえ》です。アタマではなくココロです。答えではなく過程です。とりあえずの対症療法ではなく、真理を獲得するという根治療法をオススメするのが、本書の基本戦略であります。

もちろん私もまだまだ修行の身。エラソーなことを言えた立場ではありません。「悟る」となると、一朝一夕でできるものではありませんが、「悟り式・心の持ちかた」であれば、明日から自分の生活にとり入れることができますし、落ち込んだ時はあなたを救う言葉を投げかけてくれるはずです。言うなれば、ゆる〜く悟りに近づく、禅的感情コントロール術ですね。

〝気にしぃ〟で悩んでいる方に、お気軽に試してみていただければ、これ以上の幸いはありません。

もくじ

クヨクヨしない！　引きずらない！

「気にしない」練習をはじめましょう

気にしい 1

周囲に合わせて
自分を偽り、
いつも気疲れ……

気力の切れ目が縁の切れ目
気遣いと自己犠牲を
混同しない

人のペースに合わせて自分をつくったまま人生を送るのは、本当に自分の人生を生きていることにはなりません。また、つくりきれるものでもありません。どのみち、無茶なんです。自分の人生を送っていないんですから。

その末路にはふたつあります。ひとつは、いざという時に自分の本性が出てしまう。もうひとつは、自分がつぶれてしまう。

しかも、「いちどつくってしまった自分」は、相手の前でずっと演じ続けなければならない。これはキツイですよ。結婚生活なんかによく見られるパターンですね。

結婚前は、「かわいい自分」「かっこいい自分」を演じられるでしょう。しかし結婚生活は長丁場。そうそう演じきることもできず、ちょっとした拍子に「本当の自分」が顔を出す。するとお互い「こんな人だとは思わなかった」となり、最終的には「性格の不一致で離婚」というお決まりの流れです。

ちなみに私は「性格の不一致」という言葉が嫌いです。人間の性格が一致することなんてありえないのですから。

だからこそ「気遣い」をするのです。相手に不快な思いをさせないように気遣いする。でも、気遣いと自己犠牲を混同しないこと。自分を偽ってまで、相手に合わせることはしない。自分を偽って、自分をつくってしまっては、こちらが疲れて本性が出てしまった時、いつか両者の関係は壊れます。

気力の切れ目が縁の切れ目。でもそんなの、本当の人間関係とちゃいますよね。本当の人間関係はむしろ逆。疲れた時にこそお互いの気遣いが生まれて深まるものでしょう。

ある時、私のところに相談に来た女性がいました。

「わたし、友人や職場の人たちから『いつも元気な○○ちゃん』と思われているんです。でも、本当はそうじゃないんです。周りに合わせて、そんな自分を演じ続けるのに疲れてしまいました」

彼女は、ほんとの自分を出したらみんなに嫌われるんじゃないか、という恐怖を抱いていました。

私は恥を忍んで、自分の過去を話しました。

「僕は昔、手のつけられないアホでした。30代で外資系の社長になって業績は順調。部下の前では威張《いば》り散らす。年上の部下もいましたから、どこかで『高圧的に出なきゃナメられる』と怖かったんでしょう。自分を偽り、威厳のある社長を演じようとして、いつもぐったり疲れていました。その反動からか、週に2、3回は銀座に通ってイケイケどんどん。気がつけば、周りにいるのは表面的にペコペコする人間ばかり。もちろん、本当の友だちなんて一人もいませんでした。今思い返すと、顔から火を噴くほど恥ずかしい。当然、僕が失敗したらみんなサーッといなくなりました。寂しい人間でした」

この話にはオチがつきます。

「俺が銀座に行かなきゃ銀座がつぶれる」などとホザいて通っていたのですが、つぶれたのは自分のほうだった……。

話を元に戻します。私は彼女にすこしずつ「ほんとじゃない自分」を壊していく方法をお教えしました。

「本当の気持ちを、職場の同僚や友だちの前でも言ってみるといいよ。そうしたら相手も『え、あんたってそうだったの？　じつは私も……』となるはずだから。それでもっと仲良くなれる。本当の人間関係ってそういうものだよ」

あるがままに生きる、というのは禅の心なんですね。

はじめはつくってきた自分を壊すのは怖い。だけど壊したら本当にラクになるし、つくりものの自分を壊す作業っていうのは、爽快ですよ。そうすることで、本当の気遣いもできるようになるはずです。

気にしい
②
自分の言ったことに
後悔ばかりしてしまう

心の「閉店時間」をつくり、思考を仕切り直す

つい、後悔してしまう。その気持ちはわかります。しかし、よく考えてみてください。あなたは今の時間を生きている。だけど心は過去の時間をふりかえっている。これってすこしおかしくありませんか？　過去とは、仮想の時間です。もう完全に過ぎ去り、終わった時間です。永遠に甦ることはない。

ここでの大切なポイントは、その過去の記憶には生きないこと。嫌というほど過去の失敗から学びはしますが、その失敗自体に心を費やすことはしないことです。

過去は何万回考え直しても変わりません。後悔ばかり心に浮かんでくるのは、それは単なる心の癖です。しかしこの癖が昂《こう》じてくると、毎日、毎分、毎秒が過去の後悔ばかり。一日のほとんどが過去の後悔に費やされてしまいます。心の生活習慣病ですね。年齢を重ねていくにつれ、あなたの心は後悔ではちきれんばかりになるでしょう。

あたりまえのことですが、失敗しない人はいません。しかし、失敗から学ばない人はいます。また、失敗から学ばないで、失敗を後悔ばかりしている人もいます。もっとも積極的な心の態度は、失敗から学ぶこと。失敗とは、学習システムの一環なのです。人生の必須科目のひとつなのです。

このことがわかると、いつのまにか後悔はなくなります。「あ、人生に無駄なことなんて何ひとつなかったんだな」ということが、心底から理解できるから。

今話しているこの瞬間。今ご飯を食べているこの瞬間。瞬間瞬間が「今の自分」。過去のたくさんのありがたい失敗でかたちづくられた、「今現在の自分」です。

これが禅的人間のあり方です。一瞬一瞬を自分のものにして生きていく。一瞬から一瞬へ飛び移っていく時、心がキラキラ躍動《やくどう》している。これは「今の自分」が例えようもなく充実していることから生まれてくる心の躍動感です。

どうです。過去の記憶（後悔）に生きている人とくらべて、どちらが真に今を「生きて」いるでしょうか？

とはいえ、みなさん「そう生きられたら問題はないよ」と思われることでしょう。そこでひとつ、「後悔しない自分」に鍛え上げるためのレッスンをご紹介しましょう。

大きな船をイメージしてください。

その船はいくつもの区画に区切られ、それぞれに頑丈な鉄の扉がついています。これは万が一、船に不具合があって浸水してきた時、その浸水を区画単位で防ぐためのものです。こうすれば船は沈まない。

この船はまるで私たちの人生そのものですね。昨日までの後悔で胸がいっぱいになると、じわじわ汚水が心を満たしていく。そして「今日の私」は沈み込んでしまいます。これを鉄の扉でシャットアウトしてしまうのです。

毎朝起きたら、この船をイメージしてください。そして自分の頭の中で鉄の扉を閉める。昨日までの自分を、がっちりシャットアウトするのです。これで「今日の自分」だけに集中できます。そうすることで、今日の自分を目一杯に生ききることができるのです。

失敗を反省したり、後悔するのは、その日まで。

心の「閉店時間」をつくって一日一日を仕切り直していきましょう。

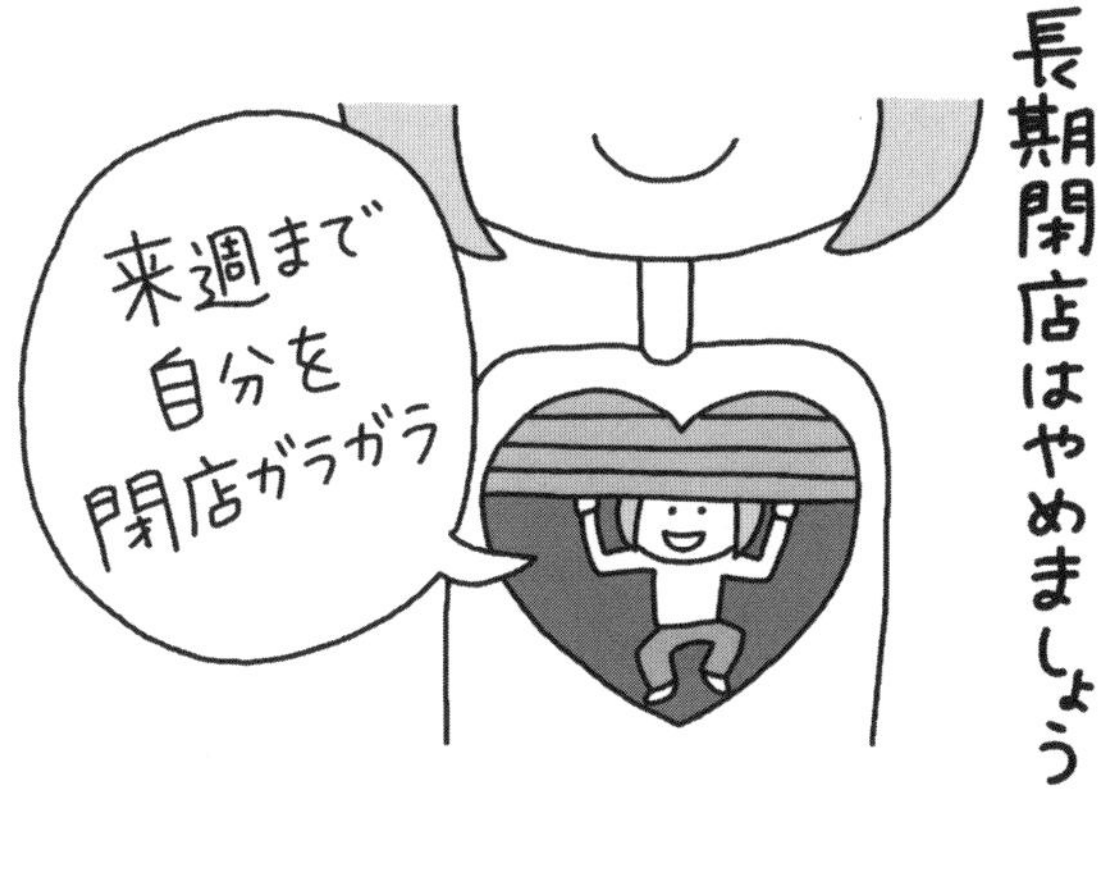

ゆる悟り 昨日までの自分を「閉店」して、今日に集中する

気にしい
③
誰かに悪口を言われているのかも……

お釈迦様でもそしられていた（悪口を言われていた）この世にそしられない者はいない

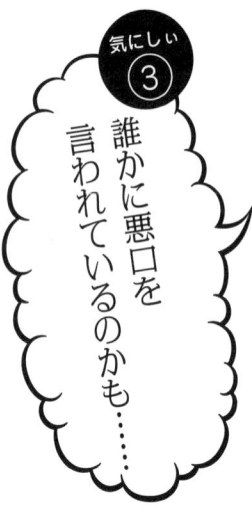

「黙っていてもそしられ（悪口を言われ）、話してもそしられ、およそ世の中でそしられない者はいない」。そうおっしゃったのはお釈迦様です。

いいですか、あの人徳のかたまりのようなお釈迦様だってそしられていたんですよ。調べれば調べるほどわかります。お釈迦様はめちゃくちゃ人格者でした。それでもそしられていたのですから、私やあなたがそしられるのはあたりまえ。「悪口ごもっとも！」てな感じですよね。

とはいえ、周りの評価が気になるのが人情です。私もビジネスマンの頃、私について陰口を叩いている人がいたら、ひどく傷ついたでしょうし、仕返ししてやりたい！ とも思ったでしょう。

とりわけ私は裸の王様でしたから、表面上は「強い社長」を気取っていても、無意識下では「何て言われているんだろう」と気になって仕方がなかったのだと思います。

そうでなくとも、私たち日本人は、他人の評価を気にしやすい民族です。封建制度、ムラ社会、家格、格式……。「個」よりも「イエ」の名誉を大切にしなければいけない時代が長かったものですから、おのずと「他人からどうこう言われないように生きていかなければ」という行動様式が刷り込まれています。

私のところへ相談に来る人たちの中には、他人の評価を恐れ、ちょっとした軽口に深く傷つき、うつになってしまった人も多い。

しかしこれでは、「他人の評価のために自分の人生を使ってしまっている」ことになります。たった一度のかけがえのない人生を、他人の評価のために使ってしまっていいのでしょうか。いいはずがありません。

人間、生きればさまざまな評価を下されることでしょう。「あいつは軽い」「面白味に欠ける」「努力が足りない」「覇気がない」「どこか暗い」「てきぱきしてない」。考えてみると恐ろしいことですが、他人を中傷する言葉というのは、ゴマンとあります。

大切なのは、自分に向けられた中傷の一つひとつを検討しないことです。ひとつずつに対処して「そこを直そう」「こうしよう」なんて考えていたらキリがない。人生の持ち時間を、気まぐれな他人の評価に費やして減らしてしまいます。

そうではなくて、中傷や批判されたことすべてを、まとめて捨ててしまうのです。「誰かにこう言われた」というひとつずつの内容を捨てるのではなく、中傷や批判されたという事実全体を丸ごと捨ててしまう。

「それじゃ独善に陥《おちい》るじゃないか」と思うでしょう。そのままではその通りです。自分の非は率直に認めなければいけません。しかし認めるのはあくまで自分。自分が、お釈迦様の正しい教えを学び、内省するなりして、深く反省を致す。

これは私の経験ですが、坐禅を長く続けていると、自分に向けられた言葉が正しい評価なのか、それともただの中傷なのか、はっきり見極められるようになります。

私はブログをやっていますから、たまに「誹謗中傷」に近い書き込みを目にします。しかし私は、そのこと自体には傷つきません。ほとんどが単なる中傷だからです。しかし時には、自分に足りない視点を指摘してくれる書き込みがあります。

その時は、素直にその意見を自分の中に取り入れます。まったく躊躇《ちゅうちょ》しません。それは私が、いつも自分の人生を生きているから。自分が主人公だから。

だからこそ他人の中傷にはお付き合いせずに済み、しかし自分に思い当たるフシがあれば素直に受け入れることができるのです。

最後に付け加えておくと、他人に面と向かって言えないことは口にすべきではありません。言ったほうがいいと思う時は、一対一で面と向かって言う。これができないクセに、陰で「ああだこうだ」言うのはNG。今度はあなたが自分の陰口で他人の持ち時間を浪費させてしまいます。お気をつけあれ。

気にしい④

苦手な人と接するのがツライ

自分が率先して人格者になれば、相手のことは気にならない

たとえばあなたの会社や学校に１００人の人間がいるとします。その環境で苦手な人がいて、人間関係に悩んでいるとしたら、根本的な対処法はふたつしかありません。ひとつは、あなた以外の99人を人格者に変えること。もうひとつは、あなた自身が人格者になってしまうことです。どちらを取るべきか、すぐにわかりますよね。

人は無意識のうちに、「自分が正しい」と思って生きている生き物です。だから何か嫌なことがあった時、すべて相手に原因を求めてしまう。

好きな人だけで周囲を固められたら、どれだけいいことか。しかし子ども同士の遊び仲間ならともかく、仕事で「好きな奴だけ」と接していくのは不可能。いや、子どもの集団内にだって、「あいつは気に食わない」なんてことはあるに決まっています。

要するに、人間は生まれた時から波長の合わない人間とやっていくしかないようにできているのです。お釈迦様はこれを「怨憎会苦《おんぞうえく》」と呼び、人間の「苦」の原因に数えました。２５００年以上も昔から、人間はこのことで悩んできたのです。

人間はふたり寄れば「好きか嫌いか」「合うか合わないか」といった感情が生まれます。職場の人間関係なんて言わずもがな。給湯室でぽつんと「渡る世間は鬼ばかり」なんてつぶやきたくなる気持ちもわかります。

職場の人間関係を解決するには、4つのレベルがあります
一番目は、怒って辞める。

二番目は、そのまま嫌な思いをずるずる引きずりながら居続ける。何も決断しない代わりに、何も変わらない。現実にはこれがもっとも多いケースでしょう。

そして三番目は「気にしない」。

これはけっこう高等です。ここまで行くには、冒頭で述べた「自分が人格者になる」といったことを実践しなくてはなりません。相手にカリカリしない、大らかで大きな心の持ち主になることが求められます。

最後の4番目は究極の解決法です。すなわち「気にならない」。

「そうなれりゃ苦労しないよ」という声が聞こえてきそうです。しかし世の中の99％の人は人間関係の苦労を引きずったまま生きています。きりがないことを一生涯続けているのです。だったら、「気にならない」境地を目指したほうがいい人生だと思いませんか？

他人を人格者にするより、手っ取り早く自分が人格者になってしまうんです。

いい方法があります。

それは朝目が覚めた時、次のように自分に言い聞かせるのです。

「今日一日、自分が会う人は誰でもみんな大切にするぞ」

苦手な人はもちろん、家族も、同僚も、電車でたまたま隣に座ったおっちゃんも、分けへだてなく大切にする。相手の反応はさまざまでしょうが、気にしない。「こいつは好きだ」「こいつは気に食わない」などといっさい考えない。

これはたいへん有効な方法です。何より自分自身がとても気持ちよく生きていける。続けていくと、相手の反応が気にならなくなるばかりか、自然と相手からも大切に扱われるようになるから不思議です。

ぜひ試してみてください。

ゆる悟り
今日一日、自分が会う人は誰でもみんな大切にする

気にしぃ ⑤

お金や老後など
未来に対して
不安だらけ

未来への不安は蜃気楼と同じ
「実行」すれば自ずとなくなる

「働いてお金を貯めても、もしも地震ですべて失ってしまったらどうしよう……」

「一生独身のままでいたら、老後はどうなってしまうのだろう……」

「自分の将来を考えるほど、不安で仕方ない」

……などなど。こんなふうに人間は「未来」を想像してパニックになれる、地上で唯一の動物です。ネコやイヌはそんなこと知ったこっちゃない。地震がおきたらどうしよう、なんて考えず、地面が揺れだすその瞬間まで、「現在の自分」にふさわしい瞬間瞬間を生きています。

これはあるチンパンジーの研究エピソードですが、足を悪くして寝たきりになってしまったチンパンジーがいました。

しかしそのチンパンジーの様子を観察していると、まったく落ち込む気配がない。そりゃそうですよね。チンパンジーは「自分は一生このままだ」ということを知らないのですから。だから「このまま寝たきりじゃ、床ずれができちゃうんじゃないか」などと不安を増殖させることもない。

このように、動物は将来のことをクヨクヨ思い悩みません。

取り越し苦労をしないのですね。

人間はいったん心配が始まると、無限ループにはまり込みます。雪だるま式にどんどん不安を増殖させていく。

これは不安なことを考えているうちに、頭に思い浮かべた情景を、脳が現実に近いものと判断し始めるから起こる現象です。

要するにバーチャルリアリティー、架空の現実ですね。お金や老後のことなど、将来への不安が生じたら、蜃気楼だと思ってください。実際、蜃気楼のようなものなのですから。

超能力者でもない限り、われわれは未来を知ることはできません。未来を怖がることしかできないのです。だったら、こう考えるしかない。

「過去のことを悔いるのはやめなさい。過去はもう過ぎ去った蜃気楼なのです。未来を思い悩むのはやめなさい。未来は誰にもわからない蜃気楼なのです」

つまり、「今」だけが確かなんですね。

はっきりしているのは、今この瞬間だけ。だからこの瞬間に、自分の持てる体力と知力を思い切りぶつけていくことだけを考える。生きるって、そういうことです。

取り越し苦労をする人の最大の特徴は、「実行」が欠けていることにあります。

何も建設的な方向で実行しないで、思いだけが未来を駆け巡る。すると人間の脳は不安を増殖させるのは得意ですから、そっちに引きずられる。

たとえば「友人との関係で不安がある」。

「些細な行き違いについて、友人はこう思っているんじゃないか」なんて不安が生まれて何も手につかなくなったら、受話器を取ればいい。そして友人へ電話する。

電話をしているあいだ、あなたは未来の不安を忘れてしまうでしょう。

「今この瞬間」に、友人との不安材料をどうにか解決しようとするでしょう。これが「実行」です。

このように不安を増殖させる原因でもある、「未来の時間」を今ここに持って来られるのは人間だけですが、その能力がすばらしい結果を生むこともちろんあります。それは、未来をシュミレーションして、あらかじめ対策を練ったり、準備をしたりできることです。

どうせ考えるなら、取り越し苦労よりも、考えれば考えるほど楽しくなることを想像して、それを実現するためのシュミレーションをしながら、生きて行こうではありませんか。

気にしい⑥

競争社会で
働くことに疲れ、
心が押し潰されそう……

仕事あっての人生ではなく、人生あっての仕事「維持できればいい」思考でいい

良寛《りょうかん》さんという、江戸時代の偉い禅僧にこんなエピソードがあります。

もともとモノを持たない良寛さんの家に泥棒が入った。

泥棒は家の中を見渡したのですが、盗むものが何ひとつ見当たらない。すると良寛さんはわざと寝返りを打って、自分が寝ている布団を泥棒に差し出しました。

泥棒はその布団を盗んで逃げたのですが、後ろで「ハクショーン！」という良寛さんの大きなくしゃみが聞こえた。そのくしゃみを聞いて、泥棒はハッと自分の犯した行為の愚かさを悟ったというお話です。泥棒は、心やさしい良寛さんに布団を返しに行って、そのまま弟子となり一生を送ったそうです。

くしゃみ一つで一人の人生を救った良寛さんもたいしたものですが、己の愚かさに気づいた泥棒も偉いと思います。

さて、そんな良寛さんとは真逆だったのが、かつての私です。

「俺は外資系企業の社長だぞ、人生の成功者だぞ」ということを信じて疑いませんでした。だから「人より給料を貰ってあたりまえ」「人の上に立ってあたりまえ」「もっと上を目指してあたりまえ」と思っていました。つまり、欲の塊ですね。

私の人生の価値観は立身出世だったので、そんな自分を欲深いなんて、露ほども思いませんでしたし、むしろ今の自分の財力は、己の努力の結晶であり、能力の証明であると誇らしかった。人をいくら出し抜いても、人より優れ、多くを持っていることに価値があると思っていたのですね。

しかし、そんな自分の出世欲、物欲にほとほと疲れ果てていました。

ほんまのアホがいたもんですね。どうぞご遠慮なくお笑いください。

私の例をあげるまでもなく、競争社会にどっぷりとはまり、人を出し抜いてまで欲深く手に入れたいと思っていては、いつかどこかで躓《つまず》きますし、自分の心が疲れきって押し潰されてしまいます。人生を台無しにしてしまうこともあるでしょう。しかし、人生あっての仕事なのであり、仕事あっての人生ではないのです。

大切なのは「いい仕事をしよう」という心がけで臨むこと。そのことに集中するのです。これは躓くことがありません。止まることがありません。さらに心も疲れない。要するに最強なんです。そして、できたら「みんなで分かち合う」という心構えも欲しいところですね。そうすれば、入ってきたお金はあなたの我欲の結果ではない。

例えて言えば、水不足の農家のところへ、大きな川から水路を引っ張ってきてあげるイメージでしょうか。そんなイメージで自分の仕事に精進するのです。

この恵みはみんなを潤す。こんなことを続けていれば、自然と富や名誉にも恵まれてしまうものだと思います。

たとえあなたが欲しなくてもね。勝手についてくるのです。

商売で例えるなら、「これだけ儲けるために、これだけ売ろう」と考えるのではなく、「これだけ頂ければ手前どもの生活は維持できます。だからこれだけは頂戴いたします」という気持ちを持つということです。

普段の生活においても、生活が維持できるだけのお金やものがあればいい、という考え方をすれば、心を欲で疲弊させることはなくなるでしょう。

ゆる悟り 生活を維持できる分だけもらう

気にしぃ 7

最近ついていない、
何をやっても
うまくいかない

宇宙的視点で見れば、「いい日」「悪い日」などない

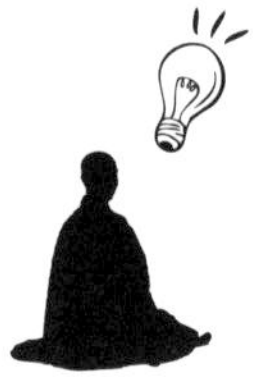

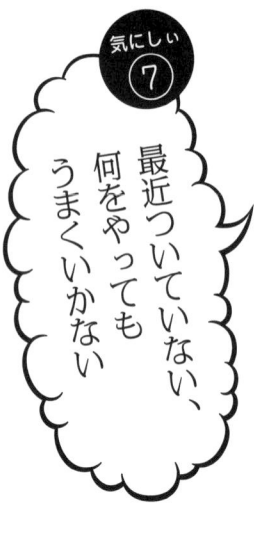

朝のテレビなどでよく、「今日のあなたの運勢は」なんてやっていますね。私から言わせると、ちゃんちゃらおかしい。宇宙創生以来、すくなくとも137億年の月日が経っていると言われます。地球はできてから46億年。月日はこんなふうに、綿々と続いてきたのです。一日一日と、想像を絶する長い時間が流れてきたのです。

それを「かに座のあなたはハッピーな一日。ラッキーカラーはベージュだよ」って、あまりに宇宙をバカにしていませんか？　なにがラッキーカラーやねん！　と突っ込みのひとつも入れたくなります。

人間の都合で「いい日」「悪い日」など決めようもないのです。宇宙的観点から言えば、人間社会で何が起ころうとも日々是好日《にちにちこれこうにち》。毎日がいい日に決まっています。

テレビの占いはともかく、どんなにもっともらしい理屈をつけようとも、占いや縁起かつぎ、最近ついていない、などの思い込みはこれと大同小異。

どれも人間が勝手につくり出した幻術です。

宇宙の果てしない時空に思いを致さない輩《やから》の考え出した、インチキの類と心得ておけばいいでしょう。

禅僧の一休さんは、人々が元日を「めでたいめでたい」と言っているのを見て、次のような歌をつくりました。

「元日は　冥土《めいど》の旅の　一里塚《いちりづか》　ありがたくもあり　ありがたくもなし」

われわれは元日が来るたびに、死に刻々と近づいているんだよ。何がありがたくて、何がありがたくないのか、わかったものじゃないね。これなど、いかにも禅僧の一休さんらしいユーモアにあふれ、それでいて真理をついています。

春夏秋冬という季節の運行もはっきりと決まったものではない。一休さんの時代には、地球が周期的に氷河期に襲われるという知識はなかったでしょうが、そこは禅僧。すべてのものが移りゆくことは、宇宙の真理に照らして直感しておったのでしょう。

季節が絶対的なものでないなら、元日だって絶対的なものではない。ましてや、その元日がめでたいなんて、誰が決めたんだい？　死へ向かう日めくりカレンダーがまた一枚めくられただけじゃないか。

要するに、私たちはこの地上に生まれ落ちた時から、死へ向けてファイナルカウントダウンを始めている存在なのです。これは宇宙的な真理です。でも私たちはそのことを忘れがちですね。

「明日自分は死ぬかもしれない」

こう思うようにすれば、一日を大事にするようになります。つまらない悩みをうじうじ考え続けることもなくなります。

だって明日死ぬかもしれないのに、「あいつに3000円貸したままだなあ」などと思っていたくありませんもの。

地上での最期の想いが「貸した3000円」て、あまりにバカバカしくて泣けてきますよね。

でもね、占いや縁起かつぎを気にするのも、これと同等のレベルですよ。

今日死ぬかもしれないのに、本質的なことを何も考えず、その一日を己で充実させる方法を考えずにいるのは、己の人生と生命の無駄遣いです。今日のかに座の運勢が何位だっていいじゃないですか。

「毎日がファイナルカウントダウン」

これを毎朝毎晩、自分に言い聞かせてください。きっと悔いのない一日が送れるはずです。そして悔いのない一日の積み重ねだけが、地上でわれわれのできる唯一のことなのです。

気にしい ⑧

会社や他人から
認められているか
気になる

「自分が人生の主人公」になれば
周りの評価は気にならない

「あなたは何のために生きているのですか？」

「はい、私は他人にいい評価を下してもらうために生きております。だから他人から高い評価をもらうと嬉しくて、評価が低いと落ち込みます」

こんな奴いるかよ、と思った方も多いでしょう。しかし実際は、口にはしないものの右のような心性に近いところで日常を送ってしまっている人が多いものです。

他人に認められたい。褒めてもらいたい。いわゆる「承認欲求」というものは、たいへん強いものです。人間は社会的動物なのですから、ある意味で当然かもしれません。

しかしお釈迦様は生まれた時におっしゃいました。「天上天下唯我独尊《てんじょうてんげゆいがどくそん》」と。この意味するところは、

「仏がどこか天上にいるわけではない。本当はあなたたち一人ひとりが仏なんだよ」

ということです。

禅の生き方もそう。どの瞬間でも、どこにいようと、どんな状況に置かれようと、自分が自分の主人公でいられるようにする。それができるように修行しているのです。

ヘトヘトになるまで坐禅し、精も根も尽き果てると、「私はいいことをしてるんだ。認めて！　褒めて！」といった、くだらないちっぽけな自我はどこかに吹っ飛んでしま

います。徹頭徹尾、「自分が今主人公であるか」を突き詰めているのですから、とても他人の目など気にできるものではありません。

しかし昔の私は違いました。社長として業績をあげた時は、めちゃくちゃ評価されました。お金は入ってくるし、女の人は寄ってくるし、いわゆる勝利の美酒にさんざん酔いました。それで私は満足したか？　答えはＮＯです。逆に、私のことを充分に評価していない（と思われる）人間のことを許せなくなったのです。

「お前らは俺のすごさが充分に理解できていない。もっと俺を評価しろ！　俺のすごさがわからないのは、お前らが悪いからだ」

これが当時の私の心の叫びでした。もちろんその傲慢さの陰には、「この評価を失ったらどうしよう」という恐怖心があったことは、言うまでもありません。

勝利の美酒の裏には、べったりと「もっと認められたい」「この評価を失いたくない」という承認欲求が渦巻いていました。憐れなシャチョーさんですね。

現在の私は、坐禅のお陰で、まったくと言っていいほど他人の評価が気にならなくなり、以前より他人に寄り添えるようになりました。自分が自分の人生の主人公になればなるほど、他人が幸せになるとこちらも幸せを感じられるようになってきたのです。これはたいへん気がラクで、ありがたいことです。

　現代人は生まれた時から他人と比較されて育ちます。親から、親戚から、先生から、同級生から、同僚から、上司から、異性から。だから、評価されながら生きることに慣れてしまっている。

　そして気がつけば、人生が終わりに近づいていた……。

　なんともツマラン人生ですね。でも、多くの人が無意識下では、自分の人生の主人公でありたいと願っているはずです。

「心の持ち方」を変えることで、評価を気にするちっぽけな自我は消滅させてしまいましょう。

でも迷惑はNGです
今日から私は主人公！出社時間？ノリで決めるわ！

ゆる悟り
「自分が主人公」になれば認められたい欲求は消滅する

気にしい ⑨

自分が相手にどう思われているのか不安

不安の根っこには「自分の欲」がからみついている

自分は相手にどう思われているのか？　といった悩みから、恋人や友人、会社の同僚が別れ際に笑顔を見せてくれなかったことなどを、つい気に病んでしまうという方も多いようです。

なるほど。たしかに人間は、他人の表情を見て生活を送る生き物ですからね。赤ちゃんだって、トマトや石ころの写真を見せるよりは、人間の顔の映った写真のほうに反応します。つまり他人の表情に気を取られるのは、われわれのＤＮＡに組み込まれた本能なのです。

あなたはその人のことを大事に考えていて、自分のその愛情に、相手が思うような表情で返してくれないから、不満なのでしょう。

「そっちもこちらのことが好きなんだろ。だったら、別れ際にニコッと笑ってくれればいいじゃん」

しかしここには、甘えがあります。ふたりのあいだに「愛情」があると思っているが故の甘えです。だって、牛乳の配達員やスーパーのレジのおばさんにニコッとされなくても、傷つきませんよね。「もっと惜しみながら別れろ」なんて思わない。恋人や友人だからこそ傷つく。

でもそれは執着なんです。愛情ではなくて執着。もっといえば、一種の所有欲。厳しくいえば、それを愛情と勘違いしているだけです。

本当の愛情というのは、相手を慈《いつく》しむことです。相手が自分のことをどう思っているかということは、あまり関係ない。そこは気に病まない。自分のことはどうでもいい。でもあなたには幸せになってほしい。これが本物の愛情です。

本物の愛情があれば、相手の別れ際の表情に対する反応も変わってきます。

「なんだよ、気になるじゃん、笑ってよ」ではなくて、「なにか心配事でもあるの？聞かせてよ」となります。不安の根っこには自分の欲がある。

男の所有欲、女の所有欲、お互いの執着。これを愛情と勘違いするところから、いわゆる感情のズレが始まります。

嫉妬は愛情の一表現だとみなさん思い込んでいますが、やっぱりそれは本物の愛情ではないのですね。相手を失うことに対する恐怖や不安が芽生えたら、自分の愛情のあり方にどこか間違いがあると思ったほうがいいでしょう。

ここで、ある坐禅仲間のお話を紹介したいと思います。

彼には仕事があって、奥さんもいた。しかし彼は禅者としていろいろ活動しているうちに、悩める人たちにもっともっと尽くしたいと考えるようになった。

幸い、彼にはささやかな資産がありました。彼はそれを使って、さまざまなプランを考えるようになった。全国の人があつまって坐禅を組めるような道場を提供してあげたい。ボランティアでもいいから、日本全国を回って講演のようなものをしたい。

まだどれも計画段階でしたが、妻はそんな夫を陰ながら眺めていたのです。

そしてある日、いつもの昼食をふたりでとっていると、ひょんなことから話がそちらへ向かいました。

その時、妻はこう言ったそうです。

「あなたが、いろいろなものに囚《とら》われずに困っている人のために活動したい、というのなら私は別々に住んでも、別れてもいいと思っています。あなたのことが好きなので、あなたがやりたいようにやっていいですよ」

これを聞いて夫は「こいつはとんでもない高僧の生まれ変わりではないか」と思ったそうです。これが本物の愛情ですね。

これにくらべたら、相手の別れ際の表情がどうのこうの……、なんとちっぽけな話であることよ。

気にしい⑩

自分だけ不幸なのでは……

死ぬ前日までに幸せになれば幸せな人生

自分を不幸だと思っている人は多いようです。しかし、人生はいつからでもやり直しがききます。極端な話、死ぬ前日までに幸せになれれば、幸せな人生なのです。心の置き所ひとつで、同じ景色が地獄にもなり、極楽にもなります。

これも禅のありがたい教えのひとつですね。どんな境遇にあっても、幸せを感じる心さえあれば、その瞬間から人間は幸せになれます。極楽は自分でつくれるのです。

たとえば私は30代で社長をやっている時、心は極楽を見ていたか？　当時の自信満々の私の心を裏返せば、次のような心性が浮かび上がってきます。

「去年よりも今年の業績を、今年よりも来年の業績をアップさせねばならない。そうしないとこの地位を失う。部下にも敬われねばならない」

こんな恐怖に裏づけされた私の心の景色は、けっして極楽ではなかったでしょう。だから部下を怒鳴りもしたし、数字と睨めっこして一喜一憂していました。

ここでひとつ、江戸時代の白隠《はくいん》禅師の逸話を紹介しましょう。

ある時、白隠禅師のもとに、西国から武芸者が訪ねてきました。彼はお寺の小僧に向かって、こう言った。「白隠禅師にお会いして教えを乞いたい」

小僧は白隠禅師に取り次ぎました。白隠禅師は「そうか、そんなに遠いところからわざわざ来たのか。ご苦労様」と、お会いになった。

武芸者は威儀《いぎ》を正し、礼を尽くしたうえで問うた。

「私は武芸者で、いざという時は命のやりとりをしなくてはなりません。そこで白隠禅師におうかがいしたい。自分が死んだあとに、地獄や極楽というのは、本当にあるものでしょうか」

白隠禅師「ひっ」と小さく叫んだかと思うと、こう答えた。

「お前さん、そんな質問百年早いよ。帰った帰った」

こうして武芸者を山門から締め出した。さあ、諦めきれないのは武芸者だ。何ヶ月もかけて遠方から歩いてきたんだ。諦めきれるはずがない。

それで三日三晩、山門の外に立ち尽くした。それを見た小僧が不憫《ふびん》に思い、白隠禅師に再考をうながした。「それじゃ会おう」という運びになった。

武芸者はまた威儀を正し、問うた。「地獄、極楽はあるのでしょうか」。

白隠禅師は答えた。

「ひっ、まだそんなこと訊《き》いてんのか。お前は馬鹿か。帰れ帰れ」

さすがに武芸者もアタマにきた。何ヶ月も歩いてきたうえに、三日三晩立ち尽くしていたんだ。「なにをこのクソ坊主！」と刀のツカに手をかけた瞬間、白隠禅師は大声で叫んだ。

「それが地獄だ！」

　すると武芸者はハッと気がついた。さすがに武芸の修行を積んだだけはある。一瞬で悟ってしまったわけだ。

「なるほどよくわかりました。ありがとうございました」

　頭を下げ礼を述べると、白隠禅師はにこにこ笑いながら言った。

「それが極楽だよ」。要するに、地獄や極楽は死んでから行く場所じゃない。それは自分の心の中にあるんだよ、ということを白隠禅師は教えてあげたわけです。

ゆる悟り　天国も地獄も自分の心の中にある

気にしい 11

相手や物事が自分の思い通りにならない

あたりまえの悩みは解決するのではなく「なくす」「放ったらかす」

いったい、悩みとは何を指すのでしょう？

「悩みとは何ぞや」を突き詰めていくと、「自分の思う通りにならない、事が進まない」ということだと、思い当たります。

しかし、自分の思う通りにならないことはあたりまえですよね。自分の思い通りにならないと悩むのなら、一生悩みっぱなし決定です。

だから悩みを「解決」しようとしてはダメ。解決するわけがないんですから。悩み自体をなくす、もしくは放ったらかす方向でいくのです。

この時、一番厄介なのが自我です。「自分の思い通りに事が進まないのは嫌だ！」というのは、たいへん強い自我ですね。だからお釈迦様はおっしゃったのです。

「苦しみのもとは自我である」と。

自我や欲をコントロールするには、「心の持ちよう」を変えることが一番。考え方を変えることで、自我や欲を少なくしていくのです。すると悩みも少なくなる。正確には、悩まなくなるのです。

現象は同じですよ。妻や恋人は自分の思う通りの言動はとらない。部下は、自分が思う通りの働きっぷりを示してくれない。宝くじは自分の思う通りには当たらない。風邪は自分の思う通りには治らない。

思う通りにならないことを、思う通りにしようとしたがる。だから悩みが生まれるのです。「悩み」と言うと、なにか「自分は悪くないのに」という被害者意識が見て取れますが、そんなことはない。自分の自我にもとづいた、一種の〝わがまま〟なんです。

もちろん、誰もがお釈迦様のように自我をすぐにコントロールできるものではありません。つまり悩みはすぐにはなくならない。

となると、次善の策は「人間万事塞翁が馬《にんげんばんじさいおううま》」「災い転じて福となす」を信じることです。これで悩みは軽減されます。

こうした諺《ことわざ》を心の底から信じてみる。すると、何か思う通りにいかないことがあった時でも、いったんはそれを受け入れることができます。

「まあ、こんなこともあるさ。でも人間万事塞翁が馬だからな」

この程度でいいんです。こう思うことで、少なくとも「悩み続ける」という姿勢は止まる。悩みが止まるんです。ここまでくれば「悩みの消滅」は近い。

実際、これは経験則ですが、悩むことをやめ、しばらく放ったらかしにしておくと、事態は自然といい方向に進むことが多いものです。これは人生の不思議ですね。

なぜそうなるのでしょう。ひとつには、悩みを止めることで、冷静に対処できるようになる、といったことが考えられます。

もうひとつは、もともと悩むべきような大層な問題じゃなかった、という可能性もありますね。たいていの悩みなんてそんなものです。

「恋人との関係がうまくいってない」ことがあったとします。

あなたは相手に、自分の思った通りの人間になってほしいだけではないのですか？

それは都合がよすぎますよ。相手に変わってほしければ、まず自分が変わらないと。

たとえばケンカした時。お互いムッとしていますよね。こういう時、まずあなたのほうから変わる癖をつける。「ごめんね」と先に一言言うだけでいいんです。すると、相手だって変わるでしょ？

相手だって、あなたのことを「思い通りにならない人だな」と思っているはずです。

だから古今東西、パートナー同士のケンカは絶えなかった。悩みが絶えなかった。

自分と同じ人間は一人もいない。性格は不一致であたりまえ。パートナーが自分の思う通りにならないのはあたりまえ。すべてこの発想から始めてください。あとは自分が変わるか、ムッとしたことを放ったらかしてみる。すると悩みは自然となくなります。

気にしい⑫

いつも不安や
雑念でいっぱいになる

何も考えず没頭する「○○三昧《ざんまい》」でいる

ある日の休日。誰からも遊びの誘いが来ない。電話の一本もかかってこない。どうしよう。みんなに嫌われてしまったんじゃないか。前回遊んだ時に悪い事をしてしまったのではないか。このまま一生誰からも誘われず、独りなのではないか。

すべて雑念です。自分が不安を覚えて誘いが来るのなら、いくらでも不安になればいい。それで遊びの誘いが来るなら、誰でも朝から晩まで不安になっていますとも。でも、なんぼ不安に思っても、来ないもんは来ません。ではどうすればいいのかと言えば、簡単明瞭。動けばいい。何かしら遊びの誘いが来るようなことに向けて、実行するのです。友だちの好きそうな映画やイベントをやっていないか調べる。メールや電話をする。人間のアタマというのはよくできたもので、これで雑念はなくなります。

禅では没頭することを「三昧《さんまい》」といいます。ひとつのことを全身全霊でやること。たとえば臨済禅では、坐禅を組むとき、組みながら自分の息を１００まで数えます。そして１００まで雑念なく数え終えることができたら、また1から数え始める。「ひと一つ」と数え始めた時に、己の全身全霊がひとつになりきったか。これが雑念を吹き飛ばすための訓練です。

ためしに10秒だけでもいい。何も考えないでみてください。どうぞ！

……うまくできましたか？　けっこう難しいことに気づかれたと思います。

私も坐禅を始めてから気がついたのですが、「何も考えない」というのは本当に至難のワザです。人間の心というのは、何か考える題材を求めて、つねに動いているものなのですね。「何も考えるな」というイメージが頭に浮かんできても、それは「何も考えない」という「考え」です。ペケ。これも雑念ですから。

いかに何も考えないことが難しいか、すこしはおわかり頂けたと思います。しかしこれが上手になってくると、三昧の境地に入れます。

でもね、じつはこれって日常でも時々あることなんですよ。

たとえばゴルフ。ゴルフをやっている人を観察してみると、ゴルフの時はゴルフのことしか考えていませんね。

仕事の売り上げとか、妻とのいざこざとか、1番ホールでティーショットを打つ時はまだ頭に残っているかもしれない。だけど3番ホールくらいになるとすっかり忘れている。だからゴルフが「中毒」になりやすいのも納得です。

もちろんゴルフだけではありません。営業で外回りをしているなら営業三昧。メシを食べるならメシ三昧。

知り合いに釣り好きがいるのですが、彼は多忙きわまる昼間の仕事を終えると、竿をかついで夜釣り三昧。すこしも辛くない。楽しくて仕方がない。三昧の功徳です。

ご自分が何かに集中している時のことを思いかえしてみれば、「あ、あれが三昧の境地に近かったのかなぁ」と思い当たるフシがあるはずです。

一番わかりやすいのは子ども。子どもを公園に解き放てば、もう遊び三昧。宿題のことも忘れ、全身全霊で遊び倒します。不安は雑念。雑念は不毛。貴重な時間と、心のエネルギーを雑念に費やすことほどもったいないことはありません。

ゆる悟り 全身全霊で没頭すれば、雑念は消える

気にしぃ ⑬

知識がなく頭が悪いと思われているのでは……

知識とは「単に知っている」ということ。あれば引き立つ程度のものにすぎない

知識と智慧はちがいます。知識とは「単に知っている」というだけのもの。智慧とは、知識＋実行が伴った、本物の賢さ。これを持っている人は頭がいい人なのでしょう。だから知識がないことを思い悩む必要はありません。

もちろん世の中には、知識をパッンパッンに詰め込んで、「自分は賢い」と思い込んでいる憐れな人が多いのも事実です。

しかしそういう人が無人島に一人で行ったら、知識なんて何の役にも立たないことを嫌でも思い知らされるでしょう。禅では「不立文字《ふりゅうもんじ》」と言いますが、最終的に悟りの境地は文字や言葉では教えられない、知識ではないということを徹底して教えます。

それでもいわゆる知識人が坐禅を始めると、坐禅バカになります。禅をアタマで理解しようとする。禅の本をたくさん読んで、自分はたいしたものだ、これで悟りに近づいたぞ、なんて思い込むのです。これはみなさんが本を読むときにも注意が必要です。

知識と智慧のちがいをよく理解してください。

たとえば坐禅をすると、脳に生理学的な変化が起こる。それで物事を客観視できるようになる。これは知識ですよね。坐禅のメカニズムを知っているに過ぎません。

しかもそれを知っている本人が坐禅を組みながら、「脳に生理学的な変化を起こして、物事を客観視できる人間になるぞ」と思っていたら、雑念だらけで、本質を捉えていることにはなりません。

そうではなくて、事前に仕入れた知識をキレイさっぱりどこかに放下《ほうげ》して、無に近づくのが坐禅です。つまり知識は、坐禅の邪魔をすることのほうが多いのです。

一番いいのは、知識がありながらもそれをどこかに置いておき、無に近づくこと。これが本当の坐禅。知識＋実行が伴っているので、智慧のある人ということになります。

だいたい、子どもはオギャーと生まれた時、心は真っ白なキャンバスです。純粋無垢な宇宙そのままの存在です。そこに一番最初に書き込まなければいけないのは、人を思いやる「慈悲の心」であるはず。

まだ真っ白なキャンバスだから描きやすい。それなのに今の知識偏重の教育は、「英才教育」と称して知識を詰め込みます。

英才教育とは名ばかり、本性は受験勉強や就職戦線で人より上へ行くだけの詰め込み教育をしているわけです。せっかくの子どものサラなキャンバスに、「競い合い」の真っ黒な絵を描いてしまっているのです。そんな親は後を絶ちません。

勉強とは、困った人を助けるため、世の中をよくするために行うものです。じつは坐禅も同じ。「自分さえ救われればいい」というのは、坐禅の根本を見誤った姿勢です。

坐禅は実行です。実行は力です。知識は力ではありません。

それはあくまでツールであり、刺身のツマです。あれば引き立つけれども、本体ではありません。

私もビジネスマンの頃は、本を何千冊も読んで実行したつもりになっていました。知識だけはパツンパツンの頭でっかち。

でも43歳で社長をクビになった時、知識だけでは何の役にも立たないことを知り、持っていたビジネス書をすべて捨てました。

お釈迦様も人々に知識で教えたわけではありません。人格で教えたのです。だから人々はお釈迦様の人格に帰依《きえ》しました。単に物知りの学者なら、お釈迦様の時代にもたくさんいたのです。

しかもお釈迦様は、誰にでも同じ言葉で教えるようなことはしなかった。相手に合わせて、それぞれ説き方を変えています。これも知識しかない人にはできない芸当です。智慧があってこそ、実践的に相手に教えを説くことができたのです。

知識のなさを嘆くのではなく、どうせなら智慧のないことを憂いてください。

気にしい
⑭

人間関係や
仕事のストレスで
いつも「うつ」気味

生きているだけで万歳三唱
命がなければ
仕事も「うつ」もない

以前、どなたかのブログでこんなお話を読みました。

ある村に悪魔がやって来て言った。

「俺はお前たちの持ち物を明日、すべて奪い去る。しかし俺にも慈悲がある。お前たちが一番大切にしているものだけはひとつだけ残してやろう。そのひとつを、明日の朝日が昇る前に書いてドアに貼っておけ！」

そしていよいよ次の日の朝が来ました。

なるほど、悪魔は紙に書いてある一番大切なものは残していきました。しかし村人はみんないなくなり、残ったのはたった一人でした。その人だけが紙に「命」と書いていたのです。

まあ、この手の話はよくあるものでしょう。

ところで私のところには、よく人が相談に来ます。たいていは人間関係や仕事やストレスでわが身をすり減らした方です。うつ病で「死にたい死にたい」と漏らす方も多い。そんな方々に右のお話を紹介しても「はあ、その通りですね」とはおっしゃるのですが、いっこうに自分のこととして捉える気配はありません。

もっとも大切な命と引き換えに、仕事や生活を送っていらっしゃる。頭ではわかっていても、口をつくのは次のような言葉です。

「でもね、家のローンもありますし、子どもを大学へやらなければならない。いくら会社が嫌でも、やめるわけにはいかないんですよ」

命がなくなればローンも大学もへったくれもない。そんな自明のことを見失いやすいのが人間の性なのかもしれませんね。

私は数年前に、心肺停止と瞳孔拡大という臨死体験をしました。

生きていると辛いこともたくさんありますが、その時をふりかえってみますと、やはり死んでいるより生きているほうが100万倍いい。生きていれば、善かれ悪しかれ、自分で考えて自分で行動できる。死の手前まで行った身から言うと、こんなあたりまえのことがなんとも魅力的なんです。

何が言いたいのかというと、普通に生きていることがすごいことだと気がついたのですね。だからその臨死体験のあとは、生きていることに感謝しながら毎日を過ごせるようになりました。

30代の頃は、自分の人生がずっと続くという感触を持って生きていました。人は死ぬかもしれないが俺は大丈夫、と。高額な退職金を得たあとも、ずっと自分の人生は続いていくだろう、とね。

しかし今は、「続けばいいな。でも明日死んでも悔いはないな」といった感じに近い。臨死体験のあと、毎日を感謝して生きるようになれたことで、一日一日に全力投球することができるようになったのです。

この体験を通して学んだのは、生きているだけで素晴らしいということ。

生きているだけで毎日が万歳三唱だということ。この視点から眺めるだけで、人生にはいろいろな選択肢があることに気づくはずです。今大きな悩みを抱えている方は、「命」を基準に、自分の人生を見つめ直してみてください。

ゆる悟り 「命」を基準に自分の人生を見つめ直す

気にしい
⑮

嫉妬や怒りなどの
負の感情、
煩悩がわきやすい

煩悩がなければ悟りはない
それだけポテンシャルを
秘めた人間だということ

仏教のシンボルは蓮《はす》の花ですね。そして蓮の花というのは、泥が深ければ深いほど大きく綺麗な花を咲かせます。

これは人間も同じです。嫉妬や怒り、物欲や名声など、煩悩が深ければ深いほど、１８０度ゴロッと変わった時に、見事な人物になれるんですよ。

これを仏教では煩悩即菩提《ぼんのうそくぼだい》と言います。

煩悩があるからこそ悟り（菩提）を求める心が生まれる。人間は煩悩を誰しもが１００％持っているからこそ、悟りを求め、やがて悟りを得る可能性を秘めているわけです。

つまり、煩悩がなければ悟りはない。泥がなければ蓮の花は咲かないわけです。

この言葉は、かなり私の救いとなっています。かつての私は煩悩のど真ん中にいたのですから。

「俺は外資系企業の社長だ。俺よりたいした奴はいないぞ」

こんな勘違いのもと、傲慢な態度をとり、人を見下し、部下を怒鳴りもすればクビにもする。

すでに充分なお給料を貰っているにもかかわらず、「まだまだ。俺の能力ならもっと貫っていいはずだ」などと思い込んでは、夜な夜な銀座へ繰り出していたのです。

もう、煩悩の深い淵とはこのことですね。私は、人間としてのありよう、汚れた心性、煩悩の深さは他の方の比ではなかったかもしれません。

そんな私が坐禅とめぐり合って、ゴロッと変わりました。自我を小さくし、他人に寄り添うことを考え始めたのです。

すると、それまでの私では考えられなかったことが起きました。

家庭も仕事も失ってしまいそうな人を助けることができたり、毎日決められた仕事だけを精一杯やって、心地よく眠りにつくことができるようになったのです。

人によく思われたい、必要以上にお金が欲しい、夜の街で息抜きしたい。こんな感情が、自分の中のどこを探しても見つからなくなりました。

自分でも信じられないくらいです。すべては坐禅のお陰。煩悩の深い深い淵から、救われたのです。

こんな私が変われたのです。あなたも変われないはずがありません。救われないはずがありません。

確かに深い煩悩を持つことはあまりいいことではありません。ただし、あなたがそのことを心底から悔いているのなら、大きな花を咲かせる可能性を多大に秘めていることでしょう。

だいたい、人間社会においてもっとも中途半端なのが、いいこともしないけど悪いこともしない、という傍観者です。菩提《ぼだい》（悟り）を求めるポテンシャルもエネルギーも低い人物である可能性があります。

もし、あなたが世の中のルールを破ったり、犯罪を犯してしまった場合。それが煩悩から生じたことは確かでしょう。

「悪」を称揚《しょうよう》するつもりはこれっぽっちもないのですが、しかし私はあなたが１８０度ゴロッと変われるポテンシャルを秘めた人間であるとも思います。

煩悩即菩提。

この言葉を噛み締めてください。

もちろん、煩悩が多いだけではいけません。この場合の「即」はイコールではないのです。

そうではなくて、大きな煩悩を抱えた人間が、それを見つめ、正しい「心の持ちよう」をするように訓練をした結果、大きな蓮の花を咲かせることができるのです。

気にしい⑯

嫌がらせを
受けているのでは……

つまらない人間に
囲まれて暮らさない

お釈迦様は次のようにおっしゃっています。

「もし誰かがあなたをダマしたり裏切ったりして、窮地《きゅうち》に陥れても、そんなことは大したことではありません。あなたを嫌い、憎む人がするひどい仕打ち。執拗《しつよう》な悪口や嫌がらせ。そんなことはどうということもありません。それによって怒り、嫉妬、ねたみ、恨み、悲嘆に歪んだあなたの心のほうが、はるかに深刻で大きな被害をあなたに与えることでしょう」

結局、本当に自分を苦しめることができるのは自分だということですね。

他人から嫌な思いをさせられたり悪口を言われたら、たしかに苦しいでしょう。でも、それに対して、己の心にネガティブな感情を宿してしまったら、もうくらべようもないほど苦しくなります。なぜなら、自分の心を歪ませることほど、人生をつまらなくする事態はないから。

そもそもの端緒《たんしょ》は他人にあるかもしれませんが、その後のあなたの心の置き所ひとつで、嫌がらせの持つ意味は変わってきます。

相手にせず、うまく受け流すことができれば、嫌がらせや悪口も春のそよ風といっしょ。「あ、私の体を撫でたな」と思った瞬間には、どこかへ行ってしまいます。

しかし、嫌がらせに対して怒りや恨みで反応した瞬間、あなたの心は地獄の業火《ごうか》に包まれるでしょう。

心を歪ませないために、今自分が実践できる回避策として、「つまらない人間に囲まれて暮らさない」ということがあると思います。

悪口はそよ風……と思っていても、つまらない人間によってもたらされる強風は、自分の人生に計り知れないダメージを与えてきます。すると、あなたの心に傷がつく。その傷口から毒が入り、あなたの心に怒りや恨みが芽生える。これが、とてもありふれた、しかし心の地獄の生成過程です。これじゃ敵と暮らしているようなものですよね。

表面的にはやさしい。社会的には優秀と目《もく》されている。才能に満ち溢れて見える。こんな人間でも、つまらない人間は山ほどいます。

つまり、つまらない人間とは、自分の内面を見つめることなく、自分の感情をコントロールしようとしない人間です。こういう人たちは、パッと見「よさそう」に思えても、身近な人たちにちょっとした嫌なことを言い続ける習性があります。

心の衛生状態を保つために私がオススメしたいのは、心が整えられ、自分の感情をコントロールしようと努力している人とかかわって生きていくことです。

そういう人はあなたに心の安らぎを与え、心の境地を引っ張り上げてくれます。早い話が、本当に幸せな人生をいっしょに歩むことができます。

つまらない人間たちとすでに関係を持ってしまった場合、思い切りよく縁を切る方向で考えるのも実践的な方法ではないでしょうか。

世間体や、社会的な概念をかなぐり捨てて考える。

「これ以上、自分の心にダメージを与えない。つまらない人間に囲まれて暮らさない」

こう決断することが本当に幸せな人生を送るのに必要な場合も多いと思います。

ゆる悟り　悪口もうまく受け流せば春のそよ風といっしょ

気にしい 17

お世辞や社交辞令を
言ってしまう

本当の極楽とは
真心で人とつながること

私は真心という言葉が好きです。坐禅とは、真心を養う修行のことではないかと思うほどです。人の人たる所以《ゆえん》は、この真心にあると思うのです。

真心という言葉には、慈愛、慈悲、信頼、誠意、勇気が含まれています。そして真心と真心がつながった時、人は極楽を知るのです。つまり本当の極楽とは、人とつながることです。以心伝心というやつですね。

もちろん日常生活では、打算や不安や猜疑心《さいぎしん》が先立つことが多いでしょう。だから社交辞令でごまかしてみたり、お世辞を言って物事を円滑に進めようとする。夫婦間ですら「妥協」で成り立つと勘違いしている人が多いのも事実。いわんや、仕事上の人間関係なら真心なんてそっちのけ。

なだめ、すかし、お世辞で回していこうとするのが、いわゆる世間でもあります。そして、そんな人のことを「人間通」などと持てはやすことすらあるのだから、どうかしています。

子どもは、まず真心で人と接します。お世辞を言うテクニックも、打算や猜疑心も知りません。すると、どこかで裏切られる経験をします。だから人と真心で接しない方法を覚えていくのです。

心に防御線を張り、真心を小出しにしていく術を覚えていく。それが大人になることだと勘違いする。

しかし、そうじゃないんです。裏切られることなんて了解済みなんです。裏切られてナンボなんです。

こちらの真心を軽くいなされる。ＯＫ。真心に打算で報いられる。ＯＫ。真心に裏切りでもって応えられる。ＯＫ。

時には真心を示した瞬間に、「ははあ、この人は何か魂胆《こんたん》があるな」なんて顔をされる。全然ＯＫ。なんて可哀想な人なのでしょう。一生、人を疑いながら生きていくのは地獄ですよ、と教えてあげたくもなります。

ひとつだけ確かなことは、こちらが真心で接しない限り、相手も真心で接してくれる可能性はゼロだということ。もちろんこちらが真心でいっても、相手と真心でつながれる可能性は０・１％もないかもしれない。

でも、それでいいんです。真心同士がつながるのが本当の極楽だと言ったでしょう？極楽がそんな簡単に手に入るわけないのですから。

また、自分の中に真心が育てば、「その誠意が相手に伝わらない」とか「裏切られた」

ということが、どうでもよくなります。「それがどうした！」ってなもんですわ。真心は損得勘定を知りません。

坐禅は、自分の心の宇宙への旅行です。インナートリップです。坐禅を続けるうち、今まで自分が思っていたものより格段と深い真心が眠っていることに気づきます。ある意味、雲一点ない青空のような真心がパッと開けて見えるのです。

こうした人間がいちばん強い。いくら裏切られようとも、痛くも痒《かゆ》くもない。真心を持つと、人生の「苦」が確実に少なくなります。

坐禅をやるある知り合いは、そんなことを続けるうちに、本当に心の通い合う老師とめぐり合えたそうです。

「真心と真心が響き合うようだった。何も話さなくても、この人とは通じ合っているんだと確信できた。まるで１００年来の知己《ちき》のようで、本当の極楽が現前したかのようでした」

これが人間関係の極地かもしれませんね。こんな関係を生涯で一人とでも持てたなら、いや一瞬でも持てたなら、生まれてきた甲斐があるというものです。

自分の中にある真心を探し出すこと。すべてはそこにかかっています。

気にしい⑱

部下の仕事のデキが悪く
イライラしてしまう

自分のフィルターをはがす

私の仕事は人間が相手です。さまざまな方が私のところへ来られます。

その時私が心がけているのが、自分の心を、相手の一人ひとりの心に合わせること。自分の考えや都合はいったん横に置いておいて、相手がどう思っているのか、どうしてほしいのかに寄り添います。

これはなかなか難しいことですが、坐禅のお陰で、徐々にそうなれるようになってきました。言い換えれば、なるべく自分のフィルターを通さずに、相手や物事を見る訓練を、坐禅を通じてやっているわけです。

これを仏教では「正見《しょうけん》」と言います。正見は、お釈迦様が人間の苦しみから逃れるために説いた八つの道「八正道《はっしょうどう》」のひとつです。

自分の心を鏡のようにして、相手の心を映し出すように修行する。

これは、己の自我を極限まで小さくさせなければできることではありません。己の心に、あるがままの相手の心が映るようになったら、禅の老師です。達人です。一種のゴールです。

それくらい難しいことなのですね。もちろん私はその境地にはまだまだです。

私も社長業をやっていた時、多くの部下がいました。そして、自分のフィルターを通しまくって、部下を見ていました。

「自分の業績アップに役立つ奴か」

「稼げる奴か」

といったフィルターを通して見ていて、部下たちの「あるがまま」の人物像などどうでもよかったのですね。

というよりも、「欲」の雲がむらむら湧き出ていた当時の私の心に、部下たちの「あるがまま」が映るわけがありませんでした。私はフィルターだらけの人間でした。

自分をゼロにして、相手を１００にする。これが「フィルターを通さない」ということです。

こうなるための第一歩は、やはり己の自我に気づくことです。いわば自分の目は何に曇っているのか。まずはそこに気づくこと。

部下が思うように動いてくれないからといってイライラするのは、あなたが自分の都合を１００％優先しているからです。自分の都合だけで見るから、相手が思うように動いてくれないことにイライラするのです。あなたの目は「会社の業績」や「自分の評価を上げること」に曇っているのですね。

このフィルターをはがす努力をしていかない限り、あなたは一生イライラし続けるでしょう。だって、あなたのお眼鏡（フィルター）にかなうような都合のいい部下（他人）なんて、この世に一人もいないのですから。

　人間は生きているうちに、何かしらのフィルターを持つようになります。

　これをはがすには、心の訓練をするしかないでしょう。「あるがままを見られるようになる」とは、「今現在、ここだけに集中する」という意味でもあるので、過去の後悔や将来の不安からも解放されますよ。自分のフィルターを一枚一枚、ゆっくりはがしていきましょう。

THE前向き宣言
自分がキレイに
見えるフィルターON!!

ゆる悟り　自分の目が何に曇っているのかに気づくこと

気にしぃ ⑲

相手の何気ない言葉が
悪意に満ちて聞こえる

臆測で悪意や
イメージを膨らませない

人間は誰しも煩悩を持って生まれてきます。そして煩悩こそが苦しみの根源であるとお釈迦様は言われました。

すると人間は、苦しみをなくすためには、煩悩を小さくしたり、なくさなければならない。ここまでは誰でもよく理解できます。

しかしお釈迦様はこうも言うのです。煩悩の極みこそ「無明《むみょう》」であると。無明とは、物事をあるがままに正しく捉え、見ることができる智慧を持たないことです。

これが、なかなかなくならない苦しみの根っこにあるわけですね。前項で述べた「正見」や「自我のフィルター」と同じ系統の話です。

たとえばあなたが友だちとケンカした。本当なら友だちなのだから、すぐに仲直りできるはずですよね。

ところが世間では、ほんの些細なケンカや行き違いから、見当違いの憶測を膨らませることがあります。

「もしかしたらあいつはもともと私のことを悪く思っていたのかもしれない。本当は友だちなんかじゃなかったのかもしれない」

恨み、怒り、猜疑心がどんどん膨らんでいきます。こうなると、原因となった些細な行き違いのことなど忘れ、相手の何気ない言葉まで悪意に満ちて聞こえてきます。もともとの争いになった原因を忘れ、現実にはありもしない悪意やイメージを膨らませる。これが無明です。

これは個人的なレベルの話だけにとどまらず、国家間の戦争にまで見られる現象です。もともと何が原因で争っているかを忘れ、「相手が憎い」だけで何百年も争っている国や民族は後を絶ちません。これも無明です。

争いごとだけが無明ではありません。たとえば一生懸命に働いてきたのに出世コースから外れた。そのことをクヨクヨ悩んでいる。これも無明です。

なにも出世することが人生の幸せでも目的でもないのに、そのことを忘れている。ごく限られた価値観に固執する姿勢は、無明そのものです。

無明とは、「智慧がないことから起こる思い込み」と言ってもいいでしょう。

たとえば人間は「闇」があると思い込んでいる。しかし闇は光に照らされると、一瞬のうちになくなってしまいます。

つまり人間は、光という智慧を知らなかったがために、現実には存在しない「闇」を存在すると勘違いしてしまっていたのです。

お釈迦様の正しい教えを知らないと、出世や名誉や地位や金銭といった、本来的な価値のないものを追い求めてしまいます。

そんなものは儚いものなのです。「闇」なんです。光(正しい教え)を知った瞬間に、「なんであんなものを追い求めていたのだろう」と自分でも笑っちゃうような代物なんです。

無明から逃れるためにお釈迦者が取り組んだのが坐禅でした。煩悩は心に宿るもの。だったら心を切り替え、整えていくトレーニングをしよう。そうして始めたのが坐禅だったのです。

そしてお釈迦様は、光に照らされた、あるがままの真実を見ることのできる心を得ました。これが悟りです。

いったん悟りを開くと、ありもしない他人の悪意、存在しない闇、価値のない名誉や金銭などには目もくれません。だってもともと存在しないのですから。

人間、何もしなければ無明の中で生き、無明の中で死んでいきます。これは確かなことです。

「そうならないためには、心を切り替えるトレーニングをするといいよ」

お釈迦様は自分の実体験から、そう話しかけてくれています。これは心強いですね。

気にしぃ ⑳

不平不満、
愚痴が止まらない

死ぬほど苦労すれば愚痴はなくなる

白隠禅師が言っております。

「六趣輪廻《ろくしゅりんね》の因縁は、己が愚痴の闇路《やみじ》なり。闇路に闇路を踏み沿えて、いつか生死を離るべき」

意訳すると、「愚痴を言ってるあいだはこの世の地獄だよ。人生が終わる前にそんなことは早くやめようよ」。

ほとんどの人間は、毎日を生きる中で、心の中に渦巻く不平不満と愚痴を抱えています。

人生も他人も、自分の思う通りに行くわけがありません。

そんなことに不平を鳴らし愚痴を言っているようでは、お話になりません。自我が強すぎるからそうなるのです。

不平不満や愚痴で毎日を送るのと正反対の態度が、報恩感謝です。

どんな一日であっても「ありがとうございます」。

たとえ傍目にはアンラッキーなことがあっても「ありがとうございます」。

こうして報恩感謝で一日を送るか、無意味な愚痴をこぼして一日を送るか、一生を通して見た時には天と地ほどの差がありますよね。

心ひとつで、同じ一日が感謝にもなり、愚痴にもなるのです。だったら、感謝して生きられるように自分をもっていきましょう。

愚痴をこぼしがちな人の特効薬は、死ぬほど苦労することだと思います。普通に生きていられることが何よりありがたい、ということがわかるくらいの大苦労を経験してみること。

人間はそうなった時、けっして悠長に愚痴などこぼしていられないということが、嫌というほどわかるでしょう。

たとえはちょっと違いますが、私の母は末期がんで亡くなる寸前、このように言っていました。

「息ができて、普通に食事ができるだけでもありがたい」

これこそ、

「生きているだけでありがたい」

という境地です。

本当はバリバリの現役の頃からこういう感謝の気持ちが持てたら言うことはないのですが。

日常を感謝の心で暮らそうとしたら、やはり人に尽くすことが一番の近道でしょうね。

人に尽くせば、あなたはおのずと感謝されます。

感謝と感謝が合掌しているような関係が生まれれば、これは極楽です。

困った人がいたら、できる範囲で助けること。

その人に感謝されたら、感謝してくれる相手の心に感謝すること。

「人に尽くすぞ」と決めてしまえば、どちらに転んでも、やっぱり毎日が報恩感謝の日々なのだということを覚えておきましょう。

ゆる悟り 愚痴を言っている間に人生は終わってしまう

気にしい 21

相手のちょっとした一言ですぐ落ち込む

世の中全体のことを考えれば自分に向けられた非難などどこ吹く風

世の中には、何か気になることを言われるとすぐに落ち込む人、同じことを言われても落ち込まない人がいます。へこむ人、へこまない人の違いはどこにあるのでしょう。落ち込む人は心が弱くて、落ち込まない人は心がタフである、なんて単純な話ではありません。

現に私が若くて「いけいけドンドン」だった頃、部下からも取引先からも、たいへんタフな人間だと思われていました。

若くして社長になって、業績も順調、いわゆる押しの強い豪腕タイプだったので、周囲からそう見られていたのも頷《うなず》けます。

しかしその反面、私の心は、ちょっとしたことや相手の一言で傷つきやすいものでした。数字がちょっと下を向いたりしたら、もうタイヘン。周りには気づかれないように装ってはいましたが、心の中では泡を吹いていたものです。

結局、守るものが「自分」であったり「自分の地位」であったりする人間は、心が弱いのですね。

そして、吹けば飛ぶような「自分の地位」なんて、しょっちゅう脅かされるに決まっている。こんなもの、自分が思うように守れるわけがないのです。それは社長だろうが総理大臣だろうがガキ大将だろうが変わりはありません。

自分の地位や得たものを守ろうとしている限り、ちょっとした誰かの一言で不安や取り越し苦労がアタマをもたげ、

「こうなるんじゃないか、ああなるんじゃないか」

と心がハイジャックされる。落ち込む人のメカニズムです。

となると、ちょっとやそっとのことでは落ち込まない人の心のメカニズムはおわかりですよね？

自分よりも、周囲や全体のことを先に考える人です。全体の利益や気持ちをまず考える。こういう人は何を言われても強い。

もちろん、こんな世の中です。「まずは自己防衛しないと」と考え、それを実践している人が一見、強く見える。

しかしその人の心がガラスのもろさを有していることは明らか。昔の私です。お金もあって肩書きも実績もあったけど、いつもどこかで冷や冷やしていた。結局、そんなものは守りきれなかったし、守るに値しないものでした。

人間には自己防衛本能のＤＮＡがプログラムされています。つまり、放っておけばど

んどん自我が強くなる生き物なんです。そしてこういう生き物は弱い。すぐに傷ついたり落ち込んだりします。

だからこそ、自我を小さくする修行が必要になってくるんです。

自己にも財産にも権威にも執着しない。こうなってくると、非難を受けたところで「たしかにそういうところもあるかもね。で、それがどうした？」と、いい意味で開き直れるようになります。

開き直るということは、自己防衛本能もナリを潜める、ということでもあるんです。スコーンと突き抜けて、自我を手放している人。こんな人は非難を受けたところで、「それがどうした？　そんなことはとっくに自分で内観済みだよ」と気にする風もありません。世の中全体のことを考えているのです。当たっていようが的外れであろうが、自分に向けられたちょっとした非難なんて、どこ吹く風です。

もちろん、相手を傷つけない開き直り方をするんですよ。「だからどうしたこの野郎！」ではなくて、「そういうところもあるかもね」くらいに相手には言っておく。

そして次の瞬間にはもうそのことは忘れ、やっぱり全体のことを考えだす。このクセがつけばシメタもの。自然とあなたを非難する人間も少なくなっていきます。

気にしい㉒

メールの返信が
すぐにこないと不安

「みんなとつながった」は自分が軸
「みんなとつながれた」は相手が軸

2500年前のお釈迦様の時代でも、200年前の良寛さんの時代でも、今と比べれば、人々は自然に寄り添って生きていました。われわれとは段違いに、土や木に癒される生活を送っていたはずです。

話題と言えば「何々村の何べエがどうした」とか、そんなウワサ話が関の山。それにもかかわらず、人間本来の苦悩や苦しみについては、現代人と同じだったんですね。自然と暮らしていた人々ですら、われわれと同じような迷いと苦しみを抱いていた。だからこそ仏教が生まれ、人々に貴ばれたのです。となると、これだけ情報であふれかえった世界を生きる私たちが悩まないほうがどうかしている。

ニュースでは世界中の不幸な話が毎日流れ、ウソや暴露やデタラメな話もインターネットで流し放題。ケータイやメールで「みんなとつながった」というのは勘違いで、本当は「みんなにつながれた」のかもしれません。牢屋につながれるように。

だから「メールの返信が来ないのが気になる」なんて心性が生まれるのです。だいたい、常識で考えればわかりますよね。相手は返信を考えているのかもしれないし、充電が切れているのかもしれないし、海外旅行に行っているのかもしれない……。返事が来る時は来るし、来ない時は来ないのですから、相手が思い通りに行動しないことに一喜一憂して時間を浪費するなんて、本当にもったいない。すべて、どうでもいいことです。

そんな簡単なことがわからないはずがない。おそらく頭ではわかっているけれど、心がそれを納得してくれないのでしょう。「こんな生活、どこかおかしいな」とは思っていても、複雑な情報社会にからめとられてしまい、なかなか抜け出す方法が見つからない。そんな状態から抜け出す答えは、ひとつしかありません。

ケータイにも、相手にも執着せず、とらわれず、「自分で判断する軸」を持つのです。たとえメールひとつであっても、「返信がない」「文章が短い」などの不満は相手への依存から生まれます。つまり心の自立ができていないということです。

これだけ複雑な社会になると、情報に流されやすくなってしまい、心が左右にブレて、相手に安心感を与えてほしくなることがあるでしょう。もっと依存が進めば、うつに振れたり、躁《そう》に振れたりすることもあるかもしれない。しかし、「自分の軸」さえ持っていれば、いつでも自分の心をそこに引き戻すことができます。

いつでも戻れる安息の場所。人間の心の住処。それが自分の軸であり、本書で紹介している数々の禅の真理でもあります。

とはいえ、真理は見失いがちなもの。自我は大きくなりがちなもの。これを絶えず見直す作業が大切になってきます。自分の心、言動、ものの見方を、真理と見比べながら修正していく。これを禅では「回光返照《かいこうへんしょう》」と言います。「自分の心が真理から外れていないかな」とつねに点検するのですね。

ともあれ、現代の複雑な情報社会では、放っておくと心を病むのは目に見えています。それには真理を学ぶしかありません。

いつでも自分が立ち戻れる軸を真理に求める。これは現代を生きる人間の必須科目でしょう。サボってはいけませんよ。

未送信は
返信が気にならない
唯一の方法!?
未送信 1

ゆる悟り　送信できていれば、あとは常識で考える

気にしい㉓

お金も肩書きも
何もない……

財産を「築く」能力より
幸せに「気づく」能力

私は日々、さまざまな人と出会う機会があります。さまざまな業種、さまざまな肩書きの方がおられる。そこで思うのは、「人間の価値というのは、その人の心の境涯《きょうがい》の高さのことなんだなあ」ということです。

間違っても肩書き、資産、収入ではありません。いくら肩書きは立派でも「俺が俺が」という自我の強い人を見ると、「ほんまにもったいないな」と思います。

「生涯でいくら稼ぐか」という価値観しか持ち合わせられないという事は、自ら生きにくい方法を選択していることとイコールなのです。

私たちの人生は、稼ぐために用意されているわけではない。そんなことに一生を費やしたい方は、どうぞそのまま行ってください。しかしすくなくとも私は、その程度の心の境涯の人とのお付き合いはご遠慮させていただきます。

もちろん、肩書きや収入が「あってはいけない」と言っているのではありませんよ。あってもいいのですが、そこに自分の価値を置くことがいけない、と言っているのです。

かくいう私も、かつては「ほんとのお馬鹿さん」であったことは、これまで何度も述べてきました。世界中の高級ホテルに泊まりましたし、フォアグラやキャビアをドンペリで胃に流し込んで悦に入るという、なんて言うか……馬鹿を通り越した下の下の人間でしたね。

ところが坐禅を組みに道場へ行くと、食事は一汁一菜、眠るのはタタミ一畳の上。こんな生活を送るのですが、朝の目覚めのなんと爽快なことか！　どんな高級ホテルよりも快適に目覚めることができます。道場は私にとって、5つ星ホテルです。ドンペリの代わりに白湯が、キャビアの代わりにお漬物が出てきますが、「心の幸せ度」からいったら、どんな高級ホテルもかないません。

「一箪《いったん》の食、一瓢《いっぴょう》の飲《いん》」という言葉があります。茶碗一杯のメシと、瓢箪《ひょうたん》にすこしの水さえあれば満足だ、という境地です。「起きて半畳、寝て一畳」という言葉もありますね。本来人間が必要なスペースなんてそんなものだ、という教えです。

こんな生活で心から満足を感じられる人こそ、心の境涯の最高位です。こういう人間こそ、一番価値がある。

結局、幸せというものは「築く」のではなく「気づく」ものなのですね。財産を築く能力と、幸せに気づく能力とでは、お話にならないくらいレベルが違います。

あたりまえですが、金儲けがうまいのと心の境涯の高さには、なんの因果関係もありません。むしろ（多くの人がお気づきの通り）、金儲けのうまい人のほうが心の境涯を高く持っていくことが難しいかもしれません。勲章をぶら下げていると重いものです。

さて、他人とのかかわり合いの中で言えば、心の境涯の高さとは「他人を思いやることのできる慈愛や慈悲の心の深さ」。これ以外に人間の価値を決める尺度はありません。

みなさん、マハトマ・ガンジーのことはご存知ですよね。何の肩書きも持たずに国を動かし、歴史を動かした人物です。

ガンジーは「社長」やら「大臣」といった肩書きこそ持ちませんでしたが、「マハトマ」という名誉ある肩書きをインド国民から貰いました。「マハトマ」とは「偉大なる魂」という意味。こんな肩書きなら、貰えるように努力したいものですね。

ガンジーの残した実績を知ると、「本当に一人の人間がここまでできるのかな?」と思うほどです。

ヒンズー教徒とイスラム教徒の争いでインド国内が内戦状態になった時でも、ガンジーが平和を願う断食を行うと、何億人という国民が争いをやめる。

これは、ガンジーが権力や武力を持っていたからではありません。そんなものが相手なら、民衆は内戦をやめなかったでしょう。民衆はガンジーの心の境涯の高さにこそ惹かれて、矛《ほこ》を収めたのです。まさしく偉大なる魂でした。

気にしい ㉔

給料、仕事、結婚時期など、他人と競い焦ってしまう

自分を他人と比べない「縄文人的OS」をインストールせよ

競争というものも、人間のＤＮＡに組み込まれたプログラムです。弱肉強食の生存競争ですね。だから人間は放っておくと、他人と競います。すこしでも上に行こうとします。そして他人よりもいい境遇に行くと、優越感を持つのです。

ただし、競争がほとんどなかった時代もありました。たとえば縄文時代です。日本に住む狩猟採集民族は、人間同士や部族同士で争う習慣がほぼなかったようです。

ひとつには人口密度が低かったから、縄張り争いをする必要がなかった。もうひとつは、狩りの成果は気まぐれ。捕れる時もあればゼロの時もある。だから、あくせく他人と争っても仕方ない。運に左右されるんだから、捕れたらみんなで分配。これが社会の基本設計図でした。

ところが日本に農耕が定着すると、様相は変わります。

まず農耕はべったりと自分の縄張りを死守するところから始まる。ムラ単位で壕《ごう》をめぐらし、外敵の侵入を防ぐ。農耕は計画生産ですから、貧富の差、すなわち権力が生まれました。要するに、弥生人が日本列島に「競争」の原理を持ち込んだのですね。「競争」を知らなかった縄文人は、弥生人に追いやられます。

そんな視点から言えば、若い頃の私は弥生人でした。立身出世を人生の目標とし、他人よりも一歩ぬきんでることに血道をあげていました。競争原理を当然の前提とし、勝てば優越感を感じ、すこしでも躓くと己を恥じたものです。というより、他人の目が気になって仕方なかった。

しかしこれは、下の下の生き方です。せっかく人間に生まれたのです。競争に負けた人間を慈しむとか、「いい負けっぷりだ」と認めるとか、そういうレベルまで心の境涯を高めていかなくては、生きている甲斐がありません。

オリンピックで金メダルを取っても人生に躓く人がいます。4位や5位に終わっても、心底から幸せを感じられる人もいます。

私は坐禅を始めてから、縄文人になれました。自分と他人をくらべなくなったのです。まったく他人のことが気にならなくなった。私とて現代の競争社会に生きているはずなのに、自分のことだけに集中できるようになりました。

「競争原理がないと世の中は進歩しない」というのは、思い込みです。勝ちとか負けとか、どーでもいいんです。

競争せず、人と争わなければ、心は平和。どうしても勝ち負けをつけたいなら、これこそ人生の勝利といっていいでしょう。とはいえ冒頭に述べた通り、「競争」はDNA

に基づいた本能でもある。パソコンで言うならオペレーションシステムですよね。これに逆らうのは並大抵のことではありません。悲しいかな、人間は「競え、争え」というOSに支配されている存在でもあるんです。そこは認めましょう。

しかしこのOSをいったんリセットする最強のツールも、人類は開発済みです。坐禅をしたり、自分を見つめ直すことで、気持ちを切り替えることです。

競争原理で生きているうちは、世の中は地獄です。ここから自分の心を救い出すには、いったんOSをリセットして、新たな縄文人的OSをインストールすることですね。

ゆる悟り
勝ち負けなんてどうでもいい。人と争わなければ、心は平和

気にしい㉕

物事全般に
疑いをもってしまう

疑うのは己の未熟さの表れ

私たちのＤＮＡにプログラミングされたものでもっとも強いのは、自分の遺伝子を残したい、というプログラムです。要するに異性愛ですね、困ったことに。

だから男女間には、いざこざが絶えません。浮気しているんじゃないか、本当は私のことが好きじゃないのではないか、最近なんか冷たい……。

本能が強ければ、心は曇ります。人を疑う心、猜疑心が芽生えます。愛は盲目とは、このことです。でも、猜疑心が芽生えるというのは、己の未熟さの表れなんですよ。自分の心の境涯がまだ低いから、相手を疑うんです。

私のところにも、はじめから猜疑心丸出しの人が来ることがあります。何しろ疑ってかかるんですね、物事全般に対して。

「疑うくらいなら来なければいいのに」

と思いますが、でもやっぱりちょっと気になるから来てしまう。で、猜疑心は丸出し。こういう心の癖を持っている人は、天地がひっくりかえっても幸せになれないことをお約束します。

なぜ疑うのかと言えば、まず自分に真贋《しんがん》を見抜く自信がないから。でも、自我は守りたい。自分は大事。その一心で疑うわけですね。肝っ玉が小さいというか、情けないというか、とにかく憐れな人です。こういう人は、生きているだけで、毎日がこの世の地獄でしょう。

疑り深い人は、自分の見抜く目を信用できない。するとどうなるか。権威に頼るようになります。何の足しにもならない肩書き、評判、名声……ひっくるめて権威があるものには一定の信頼を置く。自分の軸なんかどこ吹く風で、権威にすがる。

次には、自分を権威で飾ることを思いつきます。物事に他人のつけたランクがあればとりあえず安心するクセがついていますから、自分のランクも権威によって上げようとするわけです。

私のところにも、社会的な勲章をぶら下げた人が時々いらっしゃいます。ハナからその勲章を差し出して、どうやら私にビビってもらいたいらしい。

しかし私は坐禅を始めてからというもの、相手がどの程度の心の境涯の持ち主であるか、なんとなくわかるようになってきました。そして、勲章に頼っている人は例外なくちっぽけな度量と、大きな自我の持ち主です。「ビビれ」と言われても、「憐れ」としか思えません。

でも、憐れが昂じてくると可哀想になって、ちょっとだけビビったフリをしてあげます。本人は喜びますね。「ようやくわかったか」みたいな感じで。

それはともかく、異性間の関係も、「相手の心の境涯がどのくらいか」ということが見抜けるようになれば、無駄な猜疑心はなくなります。

それには己の心を澄ますこと。

澄んだ心は鏡ですから、相手の気持ちなど丸映りです。

泥水の入ったペットボトルをイメージしてください。これが私たちの心です。日常生活では、毎日がちゃがちゃ揺らされていますから、中身はいつまでも濁ったままです。しかし毎日30分でも坐禅を組んだり、心を落ち着かせる時間をもったらどうなるでしょう。ぐちゃぐちゃに濁っていた泥水が、スーッと下に沈殿していきます。

こうして、ペットボトルの中にあった澱《よど》みは綺麗に洗い流され、水が澄んでくる。つまり心が澄んでくるのです。

澄んだ心は最強です。疑うことを知りません。「こいつは信用できる人間だな」とか、「こいつはいい奴だけど、いざとなったら裏切るだろうな」ということは先刻承知。そのうえで、相手のレベルに見合った付き合い方をとれるようになってきます。見えていれば疑い知らず。相手を疑う前に、泥に濁った己の心を澄ませてください。

気にしぃ 26

人の持っているものが
羨ましい

すべて天からのレンタル品
いつかは返すモノと考える

「人間本来、無一物」とは、禅でよく出てくる言葉で、「お前は生まれた時、何も持っていなかっただろ。裸一貫だっただろ」という意味です。

ところが私たちは毎日、損得勘定であくせくしながら生きています。持っている人を羨《うらや》み、自分も欲しくなる。

もちろん自分が手に入れた（と思い込んでいる）ものは、いっさい手放したくない。遺産問題で骨肉の争いなんてことも、よく耳にします。

しかしよく考えてみてください。「本当に自分のモノだ」と言えるものがあるのでしょうか？

自分には家がある、車がある、体がある、心がある。普段は自然のこととして、そう思いながら生きていますよね。

でも、モノはいつかなくなるかもしれない。破産するかもしれないし、不渡りをつかむかもしれないし、大災害に見舞われるかもしれない。

体だって、死ねばなくなります。そうでなくても、何か病気にかかれば不自由になります。自分の思い通りには動きません。そうなると、厳密に言えば「自分のもの」ではないですよね。

そして、もっとも自分の思い通りにならないのが心です。

「もう家族にはガミガミ言うまい」

と誓った矢先から、つい小言が口をついて出ます。

「もう人を恨まないぞ」

と決めた途端、人を恨めしく思っている自分に気がつきます。

要するに、自分のものと思ってはいても、自分の思い通りになるものなんてひとつもないのです。

「そんなことはない。自分はけっこういろいろなものを思う通りに動かせている」

そう思っていても、それは「今のところそう見えているだけ」に過ぎません。そこを見誤ってくださるな。

なぜ思い通りにならないのか。それは、これらがすべて借り物だからです。この世に出てくる時に、さまざまな因縁から借りてきたものなのです。

では、誰から借りているのか？

私は「天から借りている」と思うようにしています。

自分がこの世で自分らしく生きていくための小道具として、天が私に貸し与えてくれたもの。もともと借り物なのだから、何かの拍子に取り上げられても、文句を言う筋合いのものではありません。

「いや、これは自分が汗水流して働いて得たものだ」とおっしゃる方もいるかもしれませんが、元手となった体も頭脳も才能も、やっぱり天からの借り物なんです。期限付きのレンタル品なんです。

人間本来、無一物。己の体と心すら天からのレンタル品。いつかはお返しする時が必ず来る。このことを肝に銘じておけば、モノに振り回されることもなくなります。人間はこの世で何も所有することはできない。ただ借りることだけができる存在なのです。

早めの返却が必要なものも…
天(店)からの借り物に延滞料金がついてしまった…
返却
VIDEO

ゆる悟り　自分の体ですらいつかは「返すモノ」

気にしい 27

「空気」が
読めているか不安

「和を乱す」など一瞬のこと
正しいと思った道であれば、
「サイの角のように」進め

お釈迦様は「サイの角の如く進め」とおっしゃいました。私の好きな言葉です。自分が信じる道をただ一人で進んでいく。これほど私を奮い立たせる言葉はありません。

お釈迦様ははじめ、苦行に専念なさいました。しかしある時、「苦行では悟りを開くことはできない」と気がつき、沐浴をして、ミルク粥を食し、菩提樹の下で坐禅を始めたのです。

一緒に苦行をしていた人たちはお釈迦様を非難しました。「どうせ苦行が辛くてやめたんだろう」と。今でいえば、「空気が読めない奴」と言われていたかもしれません。しかしお釈迦様はそんな声に動じることはありませんでした。「ただサイの角の如く」ご自分の信じる道を進まれたのです。そして悟りを開かれました。

たとえば大きな会社がリコール隠しをする。役所が裏金づくりをする。当然、「これは間違っている」と思う人々がいるわけです。

しかし、ダンマリを決め込む人が大多数ですね。「和を乱す」とかなんとか自分に言い訳しながら、結局はお茶を濁す。身の安全をはかり、自分の人生の大事な時間を、そうした濁った環境に身を置いたままで過ごしてしまう。

死ぬ間際になって「ああしたかった。こうしたかった」と言っても後の祭りです。もう遅い。

なにも「勇気を出して告発せよ」などと言いたいわけではありません。

ただ、人の一生はあまりにも短い。どうせ遅かれ早かれ死ぬのが人間です。だったらそのあいだは「ただ一人、サイの角のように」進むしかないと思いませんか？

仕事でも生活でも、勇気を持って自分が正しいと思った道を進むこと以外、道が切り拓かれることはありません。もちろんこれは、「我を通せ」と言っているわけではありませんよ。ここが世の人の誤解しやすいところなのですが、「我を通すこと」と「自分の道を一人進むこと」は、まったく違います。

その場の空気なんて、ナンボでも読んであげてください。そのことであなた自身の価値が損なわれることはありません。

もしあなたの信じる道が正しければ、つまり天道にかなったものならば、あなたはその場で我を通さずに済むのです。

間違った信念に基づいて生きている人が、その場で我を通すのです。もともとの信念が間違っているのだから、権力とか詐術を用いない限り、自分の思うようにコトを進められない。だからどこかでインチキをやる。これを「我を通す」と言うのです。

つまり大前提として、まず正しい道を見つけ、それを信じることから始めてください。

そしていったんそれを得たら、あとはサイの角の如く進む。

こうなると、自分の好きな仕事をやり、自分のプランに沿った生活をしても、誰にも迷惑をかけません。

お釈迦様はたった一人で坐禅に取り組みましたが、誰かに迷惑をかけましたか？　そんなことはないでしょう。

誰にもこれっぽっちも迷惑をかけず、悟りを開いた。迷惑どころか、悟りを開いたことによって、何千万、何億の人々に智慧を授けたのではありませんか。数多くの人々を救ったではありませんか。

お釈迦様は「我を通す」どころか、我を小さくすることに「たった一人」で取り組まれ、結果、人々を救いました。私が言いたいのも、これと同じことです。要は、正しい道を見つけられるか否かの問題なんです。

心の修行を積めば、おのずと「場の空気」なんて一瞬で見抜けるようになります。そしてそこで我を通すことなく、いくらでも「あるがままの自分」を貫けるようになるのです。根本を見誤らないでください。

気にしい28

若さ、美貌、肩書き……
あらゆるものに
執着してしまう

移ろいゆくものに
執着する道は百戦百敗

多くの人にとって「苦」の原因となるのが、執着です。人間はさまざまなものに執着します。お金、肩書き、若さ、名声、容色……。本当にたくさんのものが執着のもととなるので、人間が執着しないものを数えあげたほうが早いのではないかと思うほどです。しかも、執着しているあいだは、自分が執着していることに気がつかないものです。執着があたりまえだから、苦しいのもあたりまえになってしまう。「人生があまり楽しくない」という人の大半が、このスパイラルにはまり込んでいます。

執着していると、執着しているものがなくなった時、苦しみを覚えます。

お金に執着している人はお金がなくなると苦しむ。肩書きに執着している人は肩書きがなくなると苦しむ。執着しているものが多ければ多いほど、人生は苦に満ちたものになります。私はこの頃、仕事を通じてわかったことがあります。それは「案外、老いることを苦に感じている人が多いな」ということです。つまり、若さへの執着ですね。

シワが増えたのが嫌だ、というものや若さや容色への執着。これはもちろん、女性に多い執着ですね。若い頃の美貌（とは言わないまでも）、とにかく老いて容貌が変わっていくのをどうにか防ぎたい、という執着です。

20歳の頃の美貌を90歳の時も保てるわけがない。諸行無常ですから、移ろいゆくに決まっています。そんな、子どもでもわかっていることを納得できない。それを執着と呼びます。ほとんどすべてのものが、時間とともに移ろいゆきます。家も、肩書きも、美貌も、健康も、財産も。かわいいペットだっていつかは必ず死にます。

しかし、執着にも種類があるのですね。よく知識だけで「執着を捨てなさい。それが禅の教えだよ」という人を見かけますが、こういう人はたいてい執着にも種類があることを見逃しています。

では、執着の種類とは何か？　それは「移ろいゆくものに対する執着」と、「永遠に変わらないものに対する執着」です。「移ろいゆくものに対する執着」はこれまでに述べてきました。すると、「永遠に変わらないものに対する執着」が問題となるわけですが、これは何だかわかりますか？　答えは「真理」ですね。

仏法の真理は、2500年前にお釈迦様が発見し、確立したものです。これは2500年後の現在も、5000年後も、1万年後も真理であり続けます。

つまり、真理は移ろいゆかない。

人間がいる限り、何万年後も、宇宙の果てでも、真理は真理のままです。

だから、真理に執着するのは一向に苦になりません。「真理に執着するな」「坐禅に執着するな」とは言えないわけです。

真理や坐禅に執着すれば、「苦」になるどころか「苦」から逃れることができます。移ろいゆかない唯一のものである真理は、人間が執着していい唯一のものなのです。移ろいゆくものに執着する道は、百戦百敗です。

もちろん気持ちはわかります。家族は愛しいし、長年住んだ家は愛しいし、ペットはかわいいに決まっています。若さも保ちたいでしょう。しかしそれらはすべて移ろいゆくことを早く受け入れてしまったほうがいい。受け入れたうえで真理に執着してみてください。それだけが「苦」を逃れる唯一の道なのですから。

美の百一敗目決定
セロハンテープ
シワだけは
絶対
いやなの〜
強力ガムテープ

ゆる悟り　移ろいゆくことは早く受け入れる

気にしい29

恋人のケータイを
チェックしたい

不安にハイジャック
された心は目的地を見誤る

私は、初めて坐禅に取り組む方にレクチャーすることがよくあります。その時、こう言うのです。

「坐禅をしているあいだは、雑念を取り払ってください。初めてなのです。最初の雑念が浮かぶのは仕方ないでしょう。しかしその雑念が、次の雑念へ展開することは何としても阻止するように心がけてみてください」

こうして30分ほど取り組んでもらうのですが、初めての坐禅を終えた方は、ほぼ例外なくこう口にします。

「いやあ、本当に雑念の連鎖を止めることって難しいのですね」

そうなのです。不安、怒り、嫉妬などのマイナスの感情は、連想によって雪だるま式に膨らんでいきます。この結果、人々はいつも目的地を誤るのです。

まるでハイジャック犯に乗っ取られた飛行機が犯人の指示に従って間違った目的地へ導かれるように、不安にハイジャックされた心は、その人を正しくない方向へ引っ張っていってしまうのです。

私は坐禅の初心者の方にこう説明します。

「たとえば旅行に行く時に、あ、カギを締め忘れたかもしれないな、と思ったとするでしょう。これが第一の雑念。しかし心は、この時点でハイジャックされているんです。次には、泥棒が家に入り込んでいる。そして隠してあった金品をなぜか簡単に見つけてしまっている。そしてトドメは、証拠を消すために家に火をつけている。こうなってしまっては、旅行も何もあったものじゃありませんね。本当はカギがかかっているかもしれないのに、想像の中では家は灰燼《かいじん》に帰している（笑）。

でも、笑いごとじゃありません。この雪だるま式の『負の想像の連鎖』が、われわれの日常生活にどれだけ多いことか。坐禅というのは、この連鎖を断ち切るための心の技術をトレーニングすることでもあるんです」

これでお気づきのことと思われますが、あなたが「恋人のケータイをチェックしてしまう」のも、この負の連鎖なのです。心がハイジャックされてしまっているから、本来の目的地を見失ってしまっているのです。

あなたの恋人は友だちと電話していただけかもしれない。でもあなたはそれを「誰か他の異性の人と話していたんだ」と勝手に思い込む。

すると次は「そういえばあんな怪しいことがあった。こんな怪しいことがあった」と、雪だるま式に「恋人の怪しげな行動」を見つけてしまう。

そしてその負の連想がパンパンにはち切れそうになった結果が、「恋人のケータイをチェックしてみよう」となるわけです。

単に友だちと電話していただけかもしれないのに、あなたは負の連想を膨らませた挙句に、恋人のケータイをチェックするという愚挙に出たのです。

でも、不安にハイジャックされる前のあなたの目的地はそこではありませんでしたよね？　恋人のことが好きだ。一緒にいると楽しい。だからお付き合いしていたんですよね？　あなたは不安に心をハイジャックされてしまったのです。

さらに言えば、愛情の本当の目的地は、相手を所有することでも縛ることでも、ましてや監視することでもありません。相手を慈しむことです。

「あなたがどうであれ、何であれ、私はあなたをいつも見守っていますよ。慈しんでいますよ」

これが本当の愛情の姿です。ここまで行くには相当な修行が必要かもしれません。しかしその第一レッスンが、「負の連想を断ち切る技術を身につける」ことであるのは間違いありません。これは心の技術です。放っておけばハイジャックされやすい私たちの心をコントロールする、最良の技術であります。

気にしぃ 30

自分のことを
理解してもらえない

不理解を怒るのは
相手に依存しているから

多くの人は、自分のことを他人によく理解してもらいたいという願望を持って生きています。

とくに恋人やパートナーに対しては「１００％自分のことを理解してほしい」と思うケースもよく見かけます。

しかし、１００％の理解を得られることは１００％ありません。

よく考えてみてください。あなた自身があなた自身を１００％理解できていると言えますか？　言えないでしょう。

私もさんざん坐禅を組んで、己の心の奥底へインナートリップをくりかえしてきましたが、いまだに「あ、こんな自分がいたんだ」という発見があります。

自分のことすら１００％は理解できないのに、他人があなたのことを理解できるはずがありません。

「あなたにだけは１００％理解してほしい」

という言葉は、響きはいいのですが、虫のよすぎる話というわけですね。

もっとも、自分のアラは他人のほうがよく理解していると思って間違いないでしょう。

時々、「この人はたいへんに自我の強い人だな」という人を見かけます。

そんな人は会った瞬間にわかるものですが、たいていご本人は「自分は自我の強い人間である」と認識しておられない。

一種の困ったちゃんですが、そのまま悟られずに死んでいくことも多いのです。こんな人が、自分の自我の強さには気づかないまま、「なかなか俺の理解者が現れない」などと言っているのは、まあ噴飯《ふんぱん》ものですね。

もちろん、たいていの方は「他人の理解が100％得られることはない」とわかって生活している。

しかしそれが、

「80％くらいはわかってくれるかな」

「最低でも65％はわかってくれているだろう」

という程度の認識だと、ことを誤ります。

その発想自体が間違っているからです。そもそも「わかってもらいたい」という発想自体を取り除いてみてはいかがでしょう。

こう考えてくると、いわゆる恋人やパートナーに「自分をわかってほしい」と期待することがなくなります。

「それでは寂しい」

　と言う人がいるかもしれませんが、理解してくれないのを怒るのは、その人に自分が依存しているから。

　それは愛でも恋でもなく、心的依存なのです。

　これまでも、本当の愛情とは相手を慈しむことだと、くりかえし述べてまいりました。

　そのような愛情があれば、自分を理解してほしいなどという発想自体がなくなります。

　それよりも、自分が相手を慈しむ心の足りていないことを憂うようになるものです。

ゆる悟り
「わかってもらいたい」という
発想自体を取り除く

気にしい 31

自分のランクが気になる

自分が愚かだと認める

「自分が愚かだと悟る者は賢者である。自分は人より優れていると思っている間は愚者である」

これはお釈迦様の言葉です。

もう、これだけでわかる人はわかるはず。これ以上でもこれ以下でもないお言葉ですね。要するに真理です。

たしかに人間社会は、さまざまな局面で人間と人間のあいだにランクづけを行うことが好きなようです。

生まれた家に始まり、幼児教育、お受験、テストの点数、偏差値、就職試験、出世レース、肩書き、年収、資産……。

本来は趣味であるはずのゴルフやコレクションにおいてすら、人々は他人より一歩ぬきんでようと、目の色を変えます。

すべてに競争原理が貫かれています。

そこから生まれるのは、嫉妬であり、怨嗟《えんさ》の声であり、羨望であり、優越感です。

競争原理で生きている限り、人を羨むか人を見下すか、究極的にはこのふたつの態度しかありえません。

以前、とある政治家が「人間には2種類しかいない。家族か家来だ」と言ったことがありましたが、私たちもそれを笑えたものではないでしょう。

私にしたところで、30代では「自分は人より優れている」ということを、少しも疑いませんでした。

その結果として、高級車や自宅や海外リゾートでの休暇があるんだ。これは自分の優れた能力のもたらした必然のご褒美なんだ。そう信じていた……いや、信じていたというよりも、そんなこと確認するまでもないことで、優越感に浸っていたのでしょう。

アホ丸出し。愚者そのもの。恥さらし。いえいえ、あの頃の自分を思いかえすと、恥ずかしいを通り越して笑ってしまいます。ほとんどマンガの世界にしか生息していないような愚者でした。

そんな私でしたが、43歳でクビになり奈落の底へ突き落とされました。すべてを失い、底辺を這い回るうちに、人生で初めて、人の持つ悲しさ、悔しさ、苦しさを嫌というほど知ったのです。

それと同時に、人の情けを知りました。こんなにも傲慢だった私にさえ、情をかけてくれる人がいることを知ったのです。

こうして禅の道に入り、正しい生き方について学び始めたのです。出すまいと思っていても時折り顔を出すかつてのプライドに苦しみました。

老師にはたくさん叱られました。40年かけて捏《こ》ね上げたプライドは、なかなか強固なものだったのです。あの傲慢の塊は。

それでも坐禅を続けるうちに、自分の愚かさについては、心底から知ることができました。これは知識ではありません。坐禅という実行を通して、まさしく腑に落ちるようにしてわかったのです。

そして自分は愚かであるとわかった時、私は初めて心が満たされた思いがしました。けっしてかつての得意満面の頃には味わえなかった爽快感でした。

肩から力が抜け、重荷を下ろした時のような感じがしました。

自分が愚かだと心から認めると、他人や世間の基準はどうでもよくなります。競うこともなく、そしられても気に留めず、腹が立つこともありません。

ただただ坐禅を続け、自分ができる仕事を一生懸命やり、困った人の助けになりたいと願うだけです。それだけの人生のなんと楽しいことでしょう。なんと穏やかなことでしょう。とびきりの愚者の言葉、参考になれば幸いです。

気にしい
32

環境を恨んでしまう

「笑うしかない」

ある女性が私のもとにいらしたことがあります。くわしい話は省きますが、「よくぞここまで家庭内の不幸な要素があつまったものだ」と思わずにはいられないほど、不幸な女性でした。その女性は心を病み、体にもさまざまな問題を抱えていました。

それでも「元気になりたい」と切実に思い、家を出てアパートで一人暮らしを始めることにしたのです。それまでの数年間、かなり苦しい毎日が続いていました。その時、女性を支えたのが、あるひとつの習慣だったそうです。

それは毎日、目をつむって自分にこう言い聞かせることでした。

「私は昨日まで目が見えない、手足が動かない」

と真剣に想像するのです。そして目を開けた瞬間、

「あ、見えてる！　手足も動いてる！」

としみじみ実感するのです。彼女はこれを毎日行うことで、どうにか自分を支えてきました。「家を出たら、掃除も洗濯も一人でやらなきゃいけないんだよ」と言われた時も、女性はこう答えたそうです。

「普通に掃除ができて洗濯ができるなんて、なんて幸せなんだろう」

これを聞いて、私は深く感動しました。私たちが普段何気なくしていることが、それ

をできない人たちにとっては、このうえない幸せなのですね。私は思いました。自分は何と恵まれているのだろう、と。そして彼女に感謝しました。私のほうが話を聞く立場でしたが、私は彼女からたくさんのことを学んだのです。普通に生活できている。その一挙手一投足が幸せの塊だったのだ、と気づかせてくれました。

次にお話しするのは、また別の親子の話です。お母さんが病気で、子どもさんも具合が悪い。それで生活保護を受けて暮らしていました。

経済的にも身体的にも苦しいご家庭でした。ところが、おふたりはいつもニコニコ笑っているんです。私はある時、思わず訊ねたことがあります。

「なぜそんな大変な状況なのに、毎日、快活に笑っていられるのですか」

「それはね、ここまできたら笑うしかないよ！」

この瞬間、私は何か悟った気がしました。と同時に、私も笑いだしてしまったのです。

「笑うしかないよ！」という言葉に深く突き動かされたというか、「もうこれ以上でもこれ以下でもない」という最強の真理にぶつかった気がしたのですね。

一言でいえば、無の境地が現前したかのような気持ちになりました。

同じ不幸があっても、一方で笑う人がいれば、自殺する人もいる。そしてこの人たちは不幸のどん底で笑っている。

「笑うしかないよ！」と言われた時、私自身も笑い出したあと、幸せな気分になりました。

それと同時に勇気も湧いてきました。

「この人たちは、人間本来無一物の境地に近いんじゃないかな」とも思いました。

禅の修業のひとつである、禅の精神を究明するための問題＝公案を通った瞬間に、腹の底から笑いがこみ上げてくることがあると言います。

もちろん私は「無一物」の境地に至っているわけではありませんが、悟りに近いこの親子の一言で、そのことを疑似体験させて頂いたのでした。

ゆる悟り　同じ不幸でも、笑う人もいれば泣く人もいる

気にしい 33

ささいなことで
心が傷つきやすい

「心」とは実態のないもの

達磨《だるま》さんはインドから中国に禅を伝えた人物です。達磨さんが中国に来た時、最初に弟子になったのが慧可《えか》という人物でした。

はじめ慧可《えか》はなかなか弟子にしてもらえず、ある日、自分のひじから先を切り落とし、道を求める決意を示して、ようやく弟子にしてもらいました。

その慧可がある時、達磨大師に問いました。

「私は修行に勤《いそ》しんでいますが、どうにも心が不安で落ち着きません」

達磨さんは言いました。

「そうか。ではお前の心をここに持っていらっしゃい。そうしたら私が安心させてあげよう」

慧可は一生懸命、自分の心がどこにあるか探しましたが、どうもはっきりと「ここにある」とは言い切れません。さんざん考えあぐねた結果、師に告げました。

「私は、私の心がどこにあるのかわかりませんでした」

達磨さんは答えました。

「ほーら、俺はお前の心を安心させてやったぞ」

いささかわかりにくい話ですが、これは「心が疲れた」とか「心が痛む」とか「心が晴れた」とか言う前に、「心はどこにあるのか」を徹底して考えてみろ、という教えです。

「お前の心はどこにあるのか。差し出してみろ」

と言われたら、私たちは慧可と同じように「ここにあります」とはっきりとは答えられません。

しかし、「では心は存在しないのか」といえば、はっきりと「存在する」と断言できます。達磨大師も「心なんて存在しない」とは一言も言っていません。

必ずある。でも、どこにあるかは、はっきりと示すことができない。これが心というものの不思議です。

例えて言えば、空のようなものかもしれませんね。

晴れた日に空を見上げる。雲一点ない、真っ青な空が広がっている。この時、私たちはたしかに「空がある」と確信しています。

しかし、実際にはどうでしょう。空というものは、そのまま宇宙空間につながっているのです。地上があり、大気があり、空があり、宇宙空間がある。すべてひと連なりであって、「空」というものが「ここからここまでですよ」なんてことは、誰にも言えないわけです。

それは私たちが勝手に上を見上げ、「ああ気持ちいい空だ」と名づけているものに過ぎません。

しかし、だからと言って「お前の頭の上には空がないのか」と言われれば、「いや、やっぱり空は私の頭の上に広がっています」としか答えられない。

「なるほど。では空を持ってこい」と言われても、持っていけない。どうも心というのも、これに似たものではないのでしょうか。

たしかにあるのだけれど、実体としてはない。

現代では脳科学が発達していますから、心についてもさまざまな仮説が発表されています。しかしどうも、脳の器官の働きだけで説明しきれるものでもない。

達磨大師が伝えたかったのは、「はっきりしない心というものに執着するな。実体のないものにいつまでお前は振り回されているのだ」ということでしょう。

心は、言葉で理解するものではありません。坐禅の修行を続けていくうちに、「あ、心とはこういうものか」と悟るのです。この機微は、それこそ言葉では説明できません。

それができたら、誰も坐禅なんか組みゃしません。「自分の心が傷つきやすい」と決めつける前に、「自分の心はどこにあるのか」を真剣に探求してみてください。

気にしぃ ㉞

どうしても
嫌いな人がいる

相手が死に、自分が死ねば 人間関係の悩みは消える

人間社会は、自分と他人で成り立っています。生きていれば、さまざまな人と出会うことでしょう。その中には、好きな人もいれば、嫌いな人もいることでしょう。しかしこの関係も、自分が死に、相手が死ねばやがて消えてなくなるのです。この事実を、ほとんどの人が頭では理解しているのですが、自分のものとして得てはいません。だから「あいつが気に食わない」などと思いながら、人生の貴重なエネルギーを浪費しつつ生きているのですね。たとえばもう一度縄文人に思いを馳せてみましょう。彼らは20人くらいのグループで生活していたとします。そんな血縁集団の中でも、「なんとなくソリが合わないな」という人間関係もあったことでしょう。

だけど彼らのそんな「人間関係の悩み」は、いまどこにありますか？　どこにも残っていませんよね。残っているのは貝塚くらいなものでしょう。

この時大事なのは、私たちが彼らの何に思いを致すか、という点です。もし、「あいつが気に食わない」とずっと思いながら死んでいった縄文人のことを思ったら、彼のことを不憫《ふびん》に思いますよね。

「たった一度しかない貴重な人生を、そんなちっぽけなことに費やしつつ死んでいったのか」と、憐れむにちがいありません。しかしそれが、1万年後のあなたの姿なのです。

「あいつが嫌だ、あの人が気に食わない」と思って暮らしているあなたは、1万年後の人間から見た時、憐れな人生を送った人以外の何者でもありません。

いずれ死ぬ者同士なのですから、敵対するより仲良くしたほうがいいに決まっています。しかし、それがなかなかできない。この厳然たる事実を忘れているから、争いごとが起こるのですね。

まずはあなただけでもいい。この厳然たる事実をしっかりと受け止め、先に抜け出してしまいましょう。相手があなたに与える嫌な感じ、嫌がらせ、怒り、嫉妬というものは、相手があなたに用意したフルコースの食卓です。あなたはこの席にお呼ばれしても、料理にはいっさい手をつけずに席を立ってしまえばいいのです。

すると相手はどうなるか？

残された料理を自分で平らげなくてはなりません。自分で毒を盛りまくったフルコースを、自ら食すハメに陥るわけです。要するに、悪意には反応しないことで、悪意に打ち勝つのです。これができるとできないでは、人生がかなり変わりますよ。

もちろん、先に停戦を提案するほうがいいに決まっています。

「おい、俺もお前も遠からず死ぬんだから、それまでは仲良くしようや」

「人生最期の日が、『あの野郎、気に食わなかったな』じゃ、お互いあまりにも寂しいじゃねぇか」。それでわかってくれる相手ならそれでけっこう。わからない人なら、相手にしない。そんな姿勢を自分が身につけることが先決です。

「向こうが悪い。向こうが先に仕掛けてきた。向こうが嫌な人間なんだ」と思うから、いわゆる「人間関係の悩み」に囚われてしまっているのです。

　そうではなくて、まず「自分がいつか死ぬ」という視点を持ってください。むろん相手もいつか死ぬのですが、自分の死を想像することで、相手のことが気にならなくなるのです。

ゆる悟り　時間が経ち、自分も相手も死ねば悩みはなくなる

気にしい
35

新しい環境に
馴染めるかを考えると
憂鬱になる

すべてのことは
必ず変化する
変化こそ人生の妙味

人間というものは、どうしても慣れ親しんだ環境が好きなようですね。もう、脳がそういうふうにできているとしか考えられません。

幼い子どもは保育園が替わると最初は大泣きする。自分が知っている味はおいしい。知らない味は警戒してかかる。

新しい職場でうまく馴染めるかを考えると憂鬱だというのも、場所が替わり、周囲の人が替わることに対する恐怖感、緊張感以外の何物でもありません。三つ子の魂百まで、とはよく言ったものです。

それに加え、私たち日本人は長年、農耕を生活の基本に置いてきました。農耕というのは、毎年同じでないと困るわけですね。

春夏秋冬があって、雨が降って、晴れがあって、それで収穫の時期がやってこないと、すぐに飢饉になってしまう。

昨日があったように今日もあってほしい。今日があったように明日もあってほしい。きちんと収穫できた昨年のように今年もあってほしい。これが農家の切実な願いでした。

しかし、森羅万象は必ず変化します。「去年のような今年であってほしい」という願いは、いつか破れます。

これは真理です。「物事はいつか必ず変化する」という真理。

そして真理は永遠です。だから人間は真理を受け入れる以外に、苦から逃れる道はありません。

もちろん、農家の方々の切なる願いは理解できます。変化を恐れ、戸惑い、できればそれを避けて暮らしたいという気持ちは理解できます。

しかし、それは仕方のないことなのです。宇宙の進行は、人間の都合などお構いなしなのですから。

だから農家には不作の年があり、かわいい子どももやがては成長したりグレたりする。

会社員は転勤を命じられる。

これは誰かが悪いというより、「森羅万象は必ず変化するんだよ」という真理の一環だと捉えるより仕方ありません。

とはいえ、なにも変化が悪いことだらけでないのは、当然です。むしろ勇気さえ持てれば、変化にこそ人生の妙味が隠されていることが多いものです。災い転じて福となす、とも言いますしね。

そのたとえとして、ふさわしいかどうかわかりませんが、私が社長をクビになった時の経緯をお話ししましょう。

アメリカ本社が敵対的買収を受けたと知り、「もうこの会社での自分のキャリアは見えた」と思い、私は自分の事業を始めようと動きだしました。

結局はそのことがバレてクビになったのですが、当時は最悪の事態と思えたこのことが、私には幸いしました。

人を見下す傲慢一筋の男が、禅と出会えたのです。クビになって死ぬほど苦労し、どん底の貧乏を味わったからこその出会いでした。

その経験があったからこそ、今の私がある。今私は、心の底から幸せな毎日を過ごしています。汗水たらして、困った人のお手伝いができる日々です。

つまり私の人生で一番よかった出来事は、社長になって莫大な収入を得たことではなく、社長をクビになって貧乏になったことでした。

とてつもない落差をともなう変化でしたが、今はこの変化に感謝してもしきれません。心の置き所ひとつで、悪いと思っていた出来事も、何年かすれば人生最高の出来事に変わるものなのですね。変化を恐れていては心も体ももちませんよ。どうぞ積極的に変化に飛び込んでいってください。

気にしぃ ㊱

一生このままの
くりかえしなのでは
ないかと不安になる

自由な感覚で
人生の一秒一秒を躍動させる

高杉晋作の辞世の句にありますね。

「おもしろき　こともなき世を　おもしろく　住みなすものは　心なりけり」

この世がつまらないと思うのは、あなたの心が楽しんでないからだよ、ということです。これは心のトレーニングの問題なんです。

禅の老師になられた方を観察していますと、もう一秒一秒が躍動しています。輝いています。生きていることを心から味わっている、といった風情です。ここまですぐに行くのは無理としても、坐禅の修行とは究極、ここを目指すものでもあります。

生きていることを心から味わえる境地。その基盤にあるのは、生きている楽しさを与えてくれる世界に対して心から感謝するという境地でもあります。

それはともかく、結局人生の長さは決まっているわけです。昔50年、今は80年。だいたいそのあたりプラスマイナスαだよ、と。平均をとればね。となれば、なるべく苦から逃れ、心楽しい時間を一秒でも多く持てた人が勝ち、幸せということになります。

この時忘れてはならないのが、「楽しい環境や条件が整った時だけ楽しめる」というのではダメだということです。こんなお膳立て、人生には一瞬しか用意されていません。

そうではなくて、どんな環境にあっても（たとえ無人島に一人で置かれていたって）

人生を楽しめるのが、禅の老師と言われる人たちの心の境涯なのです。

毎日のくりかえしが楽しい。毎日のくりかえしが嬉しい。毎日のくりかえしに心が躍動する。こうならない限り、人生はつまらないことが多いに決まっています。

お釈迦様は人生が苦であると喝破《かっぱ》されました。生老病死《しょうろうびょうし》という根本的な四苦に加え、愛別離苦《あいべつりく》、怨憎会苦《おんぞうえく》、求不得苦《ぐふとくく》、五蘊盛苦《ごうんじょうく》というものまである。数えあげれば人生は四苦八苦だ。つまり、放っておいたら人生は苦しみの連続に決まっている。あなたが「毎日がつまらない」と思うのも当然でしょう。

しかし同時に、お釈迦様はその苦しいことだらけの人生を変える術というものも置いていかれました。これが坐禅であり修行であります。もちろん、老師のレベルまで行くには、厳しい修行が必要です。今すぐには始めることができないでしょう。

だったら、何かひとつでもいい。日常で「これを面白くできないかな」と考える心の癖をつけるように訓練してはいかがですか。心を積極的な状態に保つトレーニングですね。トイレ掃除でもいい。営業でもいい。お茶汲みでもいい。何か小さな目標をひとつ設定する。

「昨日よりトイレを綺麗に磨けた」「昨日より門前払いの回数を減らせた」「昨日よりお

茶をおいしく淹《い》れられた」。こうして日常をほんのすこしだけ楽しくする工夫を積み上げていくことが、人生を幸せにする方法です。すべては己の心持ち次第だと体得してください。

ここにノルマ感はいっさいありません。ノルマを課すとつまらなくなりますから。ノルマもペナルティも、自分の設定した心楽しいルールではありません。つまり、ゲーム感覚で人生の一分一秒楽しんでしまうんですね。

悟りを開いた禅の老師も、ゲーム感覚で人生を楽しんでいるのだと思えば、どうです？　ちょっと心がウキウキしてきませんか？

ゆる悟り　楽しい時間を一秒でも多く持てた人が勝ち

気にしい 37

スケジュール帳が
びっしりでないと不安

何かを「捨てること」で
心の空虚を満たす

ある時、子どもを持つお母さんが私のもとにいらしたことがありました。その時、その方のスケジュール帳を見せていただいたのですが、もう真っ黒。

何時に子どもを塾にお迎えに行って、それから次の習い事へ……といった具合にすべてが埋まっていました。

「これ、自分だったら気ぃ狂うな」

と思ったものです。

たとえばサラリーマンにしても、夕方の5時になれば自動的に同僚といっしょになって赤のれんをくぐる、という習性をお持ちの方もいらっしゃいますね。そこでお酒を飲みながら愚痴合戦。もちろん居酒屋だけにとどまらず、パチンコもゴルフもして、家族サービスも求められる。当然、仕事だってしている。

「あれもこれも」で生きているんですね。自分の心の赴くまま、または誘われるがまま、あれもこれもやりたい。しかしこれは際限のない道です。

そうではなくて、「今自分の人生にとって一番大切なことは何だろう」と問うたうえで、「これとこれとこれだけやる」と見極めることが大切です。

私なら、朝に坐禅をして、昼と夜は働いて、帰ったら夕食を食べて、ブログを書いて寝る。毎日がこれのくりかえしです。

このように生活を簡素化していくと、毎日が極楽です。

傍目には変化のない日常のくりかえしに見えるかもしれませんが、自分にとって必要なことを見極めたうえで定めたスタイルですから、楽しくて仕方がない。シンプルライフとはこのことです。

要するに、満たされているんです。心に空虚がないのです。毎日のくりかえしに、心が躍動しているんです。これを禅的日常と言ってもいいでしょう。

たとえば、ブランド品を買い集めるのが好きな人がいますね。ああいう人は、心に空虚があるんです。その空虚を埋めるために、ブランド品を買いあさっている。

しかし、心は無限です。モノは有限です。

有限のもので、無限のものを埋めることはできません。際限のないブランドあさりのくりかえしです。

『坂の上の雲』にあった言葉で、秋山兄弟のどちらかの言葉だったと記憶していますが、「男子たるもの、一生にひとつのことを成し遂げたらそれでいい」という意味のセリフがありました。

兄の好古なら日本騎兵隊の創設であり、弟の真之なら日本海海戦の勝利です。それで人生、事足りておるわけです。そう見極めていたからこそ、彼らは歴史に残る大仕事をやってのけることができたのです。

結局、捨てられない人、見極められない人、簡素化できない人には、いい仕事はできないのではないでしょうか。禅も歴史も、そう言っているような気がしてなりません。

スケジュール帳が埋まっても空虚は満たされない。同僚と飲みに行っても空虚は満たされない。ブランド品を買いあさっても空虚は満たされない。

何かを得ることで空虚は満たされないのです。

何かを捨てることで空虚は満たされるのです。

いちど、禅道場を見学に行かれてはどうでしょう。本当に必要最低限のものしかありませんよ。一汁一菜。起きて半畳、寝て一畳。人間本来、無一物。

「あ、これが究極のシンプルライフだな」と気づかれるはずです。

その気づきを大切に、自分にとって本当に大切なものを見極め、どしどし捨てる作業を行ってください。

そうすることで、人生がラクになり楽しくなることを請け合います。

気にしぃ 38

いい服、いい車で
自分を飾らないと不安

虚栄心はすべてがウソ

人をもっとも破滅に導きやすいのは虚栄心です。いい服を着てよく見せたい。いいクルマに乗って羽振りのいいところを見せたい。多少誇張してでも、自分の経歴をすごいと思わせたい……。

文字通り「嘘でもいいから栄えているように見せかける」ことですね。自分の実力以上に自分をよく見せたいと願う心性は、すべて虚栄心から発したものです。

これは、上流階級と呼ばれる場所へ行くにしたがって、大きくなります。まったくご苦労さんなことです。

虚栄心にもとづいた生活は、すべてがウソです。あなたが着ているものも、食べているものも、話している内容も、すべてウソ。いわゆる「盛っている」状態。

こんな生活を送っていると、あなたの周りに集まっている（かのように見える）人たちも、あなたが虚栄を張ることができなくなったら、サーッといなくなりますよ。

そうでなくとも、自分をよく見せて生活するのは辛いでしょう？　ポロっと地を出したら、友だち（とあなたが思っている人々）から捨てられるんじゃないか？　こんな不安はありませんか。もちろん、捨てられますよ。

だって、もともとあなたの虚栄心にダマされて近寄ってきた人たちなんですから。「あるがままのあなた」になんか、なんの興味もないんです。するとあなたは、周囲にいる人たちから捨てられるのが怖くて、ますます虚栄を張って生きていくことでしょう。あっちこっちで辻褄《つじつま》を合わせながら、生きていく。実物以上に自分をよく見せるためだけに、莫大なエネルギーを費やしながら生きていく。ただそれだけの人生。

しかも、見る人が見れば、あなたがどの程度の人物なのかは一瞬で見抜かれます。そういう人は見抜いても、虚栄心だらけの人とはお近づきになりたくないので、あなたを「憐れな人だ」と思うだけ。たいていはアドバイスもくれず、「見え見えですよ」とも言ってくれず、適当にあなたの虚栄心に相槌を打ってその場を離れていくでしょう。

こうしてあなたの周囲には、ニセの友人か、あなたの虚栄心にダマされた人だけが残ることになります。あなたはタレントよろしく、その人たちの幻想を破らないためだけに神経を尖らして生きていく。いざピンチになっても、相談できる人はいません。本当の自分をさらけだして語り合える友などいないのですから。「つくられた自分」を演じ続けるために、借金や詐欺にまで手を出した人を、私は何人か知っています。どうしても虚栄心から抜け出せない人は、いちど破滅するしかありませんね。

虚栄心が破滅の道だということは、理解して頂けましたか？ もし無人島で暮らしていたら、虚栄心など持ちようもありません。他人の目がないのですから当然ですよね。人は無人島では「あるがままの自分」でしか生きられません。

この「あるがままの自分」を、徐々に世間でも出していってみましょう。

これまで虚栄心丸出しで生きてきた人は、今いる周囲の人を失うかもしれません。でも、ウソで固めた自分の周りにいる人間なんて、何の意味もありません。サヨナラです。

こうすれば、人生がだんだんとラクになってきます。天道にかなった人生が歩めるようになります。まずはここから始めてみましょう。

ゆる悟り 無人島では虚栄心は必要ない

気にしい 39

威張ってしまう

実力がなく
頭の悪い人間ほど威張るもの

「あなたは威張る人が好きですか、嫌いですか」と訊くと、ほぼ100％の人が「嫌いです」と答えるはず。それなのに世間ではなぜ威張る人が多いのでしょう。

威張ると人から嫌われます。同じ内容を伝えるのに、威張りながら伝える必要はどこにもありません。しかし社会的に肩書きなどがつくと、威張りだす人が多い。

こういう人は、もともと潜在意識下では、自分に実力がないことを知っているのですね。弱い人間なんです。弱くて実力もないのに、自我だけは人一倍強い。こうなると威張ります。

しかしいざという時には、責任逃れや、人のせいにすることばかり考えて、まったく役に立たない。よくニュースで、不祥事を起こした企業のトップや役人がこんな情けない姿をさらしていますよね。ああいう人たちは普段、部下に威張り散らしているにちがいありません。

自我が強くて自分のことしか考えられない人だから、想像力も貧困です。部下が「かしこまりました」とは言いつつ、心の中では舌を出していることにも思い至りません。

かく言う私も、昔は威張っていました。一人になればまったく実力もないのに、組織内の権限を与えられているので、それが自分の実力だと勘違いしていたんです。そのうえ自我も強かったので、方程式通りに威張っていました。

しかしいったん破滅して、自分の愚かさに気がつきました。気づいた瞬間から、自分のことが怖くなりました。あまりにも愚かでどうしようもない。「まあ、死んだほうがいいかな」とも思いました。馬鹿は死ななきゃ治らない、とも言いますしね。しかし死のうと思っていた時に禅と出会い、死ぬ代わりに坐禅の修行を始めたのです。今は昔より自我が小さくなってきたお陰で、ひとつわかったことがあります。

それは、心の実力があると、威張る必要がまったくないということです。逆に、実力があればあるほど謙虚になっていきます。偉そうに見せる必要がないから威張らないのです。威張らないから、人から好かれます。他人に対する感謝の念が湧いてきます。

昔は私に威張られていた人も、今の私に会ったら、私から感謝されて気持ち悪がるかもしれませんね。

私は別に、人に好かれようとして威張らないわけではありません。威張る必要がまったくないから威張らないのです。すべて坐禅のお陰です。

くりかえしますが、実力も想像力もない頭の悪い人だけが威張っているのです。いざという時、なんの役にも立たない人間です。

そんな人が上司にいたら厄介でしょうが、「このおっさん、どうせいつか自分の無力を悟る時が来るだろうな」くらいに思っておいてください。

実際バブルの頃には、勢いに乗っただけで大金が転がり込んできて、威張り出した中小企業のおじさんたちは山ほどいました。そういう人たちは落ちぶれてから、ようやく自分の非力を思い知らされたものです。

謙虚に勝る武器はありません。

中国の故事にこんなものがあります。ある将軍が、兵士の傷にたまった膿《うみ》を、自らの口で吸い出してやった。これを聞いた兵士の母は嘆いたと言います。「うちの息子は、あの将軍のために命を捧げるだろう」と。

もちろんこの将軍は、部下の心を惹きつけるテクニックとしてこんなことをしたのかもしれません。

でも、もしこれが真心からでた行為だったら、これに勝るものはない。人の上に立つ人間は、こうありたいものです。実力があったうえで、しかも謙虚。こういう人は余計に尊敬されます。

もし自分が人の上に立つ立場になったら、このことを忘れずに。

気にしぃ
40

人の成功が気になる

他人の幸せを見て喜ぶ自分でいる

世の中には、人が幸せそうにしているのを見るのが嫌いな人も多いものです。幸せな人を見ると嫉妬する。だから「出る杭は打たれる」なんて言葉も存在します。

かつての私のようなアホ社長だったら、打たれて当然です。

しかし、たとえば宝くじで3億円当たった人を羨む。

羨むだけならまだしも、妬む。なぜか知らないけれど、「自分じゃない誰か」が宝くじを当てたことが嫌なのですね。

そして、もし当たった人の家庭にちょっとした不幸でもあると、「それ見たことか」と内心では喜ぶんです。「出る杭は打たれるんだよ」とか言って。

こういう心性の人は意外と多い。初詣に行ってもそうです。

お賽銭を投げて何を願うかといったら、「自分または家族がうまく行きますように」。他人のことはひとまず横に置いておく。そして、どうか自分だけは幸せにしてください、と願う。

あたりまえじゃないか、とおっしゃるかもしれませんが、こんな心持ちで生きている限り、幸せにはなれません。これもあたりまえの話です。

現代では、生まれた時から競争原理を叩き込まれます。人より一歩ぬきんでよ、と親から言われて育つ。あるいは社会から言われて育つ。だから大きくなってからも「向上心」だ「自己啓発だ」と唱えながら、他人と自分をくらべることだけで生きていく。

その結果が、「他人が得したら自分も得したい。自分が損したら他人にも損してほしい」という歪んだ心性の発生です。

「自分はそこまでじゃない」と言うかもしれませんが、「他人の幸せを心から祝福できる」という境地にない限り、五十歩百歩。もっといえば、「他人が幸せそうにしている姿が好き」という境涯まで己の心を高めなければいけません。

仏教には「抜苦与楽《ばっくよらく》」という教えがあります。

「人に楽を与えて、人の苦しみを取ってあげなさい」という教えです。自分の利得なんてこれっぽっちも考えるな、ということですね。

これを生活の基盤に置くと、結局は自分が幸せになります。自分ができる範囲で他人を幸せにして差し上げる。楽を与えて、苦を除いてあげる。こんな生き方をしていると、毎日を幸せな気分で過ごすことができます。もし他人に感謝でもされようものなら、幸福感は倍増します。

もちろん感謝されてもされなくても何の問題もありません。リターンが欲しくてやっているわけではないのですから。

結論めいたことを言えば、自分の幸せを願っているあいだは絶対に幸せになれません。

一番の近道は他人を幸せにすること。他人の幸せを見て喜ぶ自分をつくりあげることです。

みなさん本当はわかっているはずです。本当の幸せはお金で買うことはできないと。

私の欲しいものは、お金で買えないものばかりです。

お金で買えるもので欲しいものはありません。これは真理です。真理だから変えようがないんですね。

ゆる悟り　自分の幸せを願っているあいだは幸せになれない

気にしい 41

自分は優しくないのでは……

究極の優しさとは自分0対相手100

いつものようにスラム街で貧民救済の活動をしていたマザー・テレサに、ボランティアの人が告げました。

「あそこのヒンズー教徒の家には8人の子どもがいます。父親が死んで、母親が一人で面倒を見ていますが、この3日間、家族は何も食べていません。食べ物を買うお金がないのです」

マザー・テレサは早速、自分の家から鍋一杯のお米を持ってその家を訪ねました。そこでは貧しい母親とお腹をすかせた子どもたちが寄り添っていました。

マザー・テレサがお米を差し出すと、母親は感謝の涙を流し、そのお米を受け取りました。

すると母親は、そのお米の半分を鍋に入れて、家を出ていこうとしました。マザー・テレサは訊ねました。

「お米を持ってどこに行くのですか」

「隣のイスラム教徒の家には6人の子どもがいますが、もう4日間、何も食べていません。だから頂いたお米を半分持っていってあげるのです」

母親は嬉しそうに、お米の入った鍋を抱えて隣家へ入っていきました。

これは実話です。禅の修業を始めた時、私はこの話を聞いて、涙が止まりませんでした。自分たちがギリギリの状況で生きているにもかかわらず、隣人の心配をする。貴重なお米の半分を喜んで分け与える。

何と豊かな心でしょう。何と綺麗な心でしょう。人間はどんなに貧しくとも、こんなにもすばらしい慈悲心を持つことができるのですね。

この話を聞いた時、私は自分の心の貧しさに唖然ともしました。

私には毎日、充分に食べるものがありました。それでも思い通りにならないことがあると、不平不満が心に芽生えてきました。

自分が本当に辛い時、自分の食べ物を喜んで半分差し出せるか?

私の心は、このインドの貧しい母親の足元にも及ばない、と知りました。

そして、生きているあいだはどうにかして彼女のような心を持とう、近づこうと誓ったのです。彼女のように大きな慈悲心を持とう、と。

慈悲心とは0対100です。自分が0で、相手が100。リターンを求めない。徹底して相手のことだけを思う。リターンを求めるのはビジネスの論理です。「これだけしてやったんだから、これだけ頂戴」というね。

お釈迦様の慈悲心は、いっさいリターンを求めませんでした。世の中に苦しんでいる人たちがいる。この人たちを救いたい。そのためには、まず自分で自分が救われる方法を追究しよう。そしてその方法がわかったら、それをみんなに広めて、みんなが救われるようにしよう。

これがお釈迦様の大いなる慈悲心です。どこにもリターンを求める心はありません。だから0対100なんですね。

もちろん、私たちはお釈迦様のようにはなれません。インドの貧しい母親のようにすらなれない。しかし、まったく慈悲心がないのかと言えば、そんなことはない。普段は隠れているだけなのです。

惻隠《そくいん》の情という言葉がありますね。どんな大悪党でも、2歳くらいの子どもがよちよち井戸に落ちそうになったら助けてやる、という心情のことです。どんな人間にも、悪魔のような心もあれば、仏のような心があるのが普通です。

だったら私たちは、自分たちの心に眠る慈悲心を多いに発露させていかねばなりません。先の東日本大震災の時は、そんな気配が日本中に見られましたね。きっかけさえあれば、難しいことではないのです。人間誰しも、慈悲心は持っているのですから。

気にしい
42

他人とうまく
折り合えない

私の立場に立てば私が正しい
あなたの立場に立てば、
あなたが正しい

以前は私も相手の立場に立って物事を考えるのが苦手でした。坐禅を始めてからは、昔よりかはずいぶん自我が小さくなったのですが、それでも「あ、今自分の立場でしか考えてなかったな」と思わされることがあります。

とくに親しい間柄（家族など）に対してこそ、甘えがあるので、つい相手の立場に立つことを忘れてしまいがち。そういう時は素直に謝り、もういちど相手の立場に立ち直して物事を考えるようにしています。

「私の立場に立てば私が正しい。あなたの立場に立てばあなたが正しい」

こんな言葉がありますが、まさしく他人の立場に立てば「なるほど、そうか」と思わされることだらけであることがわかります。

たとえば名将や名勝負師と呼ばれる人は、相手の弱点を見抜く力に長けています。相手の弱いところをついて、勝利を得る。

この能力は悪の方向にも使えますが、いったん「相手の立場に立って考えてやろう」とした時、とびきり善の道へ活用することができます。これも一種の「煩悩即菩提」ですね。

また、「これだけしてあげたのに」という感情を相手に対して持ってしまった時は、ノーリターンの精神を思い出しましょう。たとえば母親は、自分の子どもに対しては基本的にノーリターンの精神で臨んでいるはずです。

もちろん中には、「これだけしてあげたのだから東大に入りなさい」とか、「これだけしてあげたのだから私の老後の面倒をみなさい」という人もおられるでしょう。

しかしその他大多数の母親はちがいます。

「あんたのことを愛してるから立派に育てたかっただけだよ。別に感謝してもらわなくても結構。してくれたら、そりゃ嬉しいけどね」

これくらいのスタンスで子育てしているはずです。子育ての最中に充実感、幸福感を充分に貰った。かえってありがとうと言いたいくらい。これが母親というものです。

損得勘定を抜きにした行為は、それだけですでに貴いもの。そして人生とは不思議なもので、ノーリターンの精神で臨んだ者に限って、幸福感という大きなリターンが約束されている面もあるのです。

こうしたことがわかってくれば、他人の悪口を言うこともなくなるでしょう。結局、悪口というのは何の解決にもならないし、自分の心を汚すし、自分の信用を落とすだけ。

こんなこと、相手の立場に立つまでもなくわかりますよね。それなのに、他人の悪口を言って過ごす人の、なんと多いことか。

もちろん、相手の立場になって考えても、「これはおかしい」と思うこともあります。

そういう時、私はその人に自分の心を向けないようにします。向けるとマイナス感情がどうしても出てきますから。

そういう人は結局、自分の人生にとって必要ない人なのです。いくら話しても理解してくれません。ウソを言ったり、約束を破る人だってたくさんいます。

そんな人のことは、しかるべき処置をとって忘れてしまえばいいのです。

正論

コラー!
あたしの立場に立てば
あたしが正しい

ゆる悟り
他人の立場に立てば、
「なるほど、そうか」だらけ

気にしぃ 43

よく「つまらないの？」と聞かれる

笑顔の少ない一生は、幸せが遠ざかる一生

人間に与えられた特権の中でも、もっともすばらしいもののひとつは笑顔です。生まれてすぐの赤ん坊ですら、あやせばニコッと笑ってくれます。子どもだって、こちらの笑顔には笑顔で報いてくれます。

笑顔や微笑というのは、神が人間に与えてくれた一番の財産なのです。笑わない手はありません。

世の中には、いつも苦虫を噛みつぶしたような顔をしている人がいますね。エラソーな会社の役員のおじさんか何かは、「笑ったら威厳が損なわれる」くらいに考えている人も少なくありません。なんと愚かな人生態度でしょう。

笑顔をつくるには、一銭もかかりません。笑顔の少ない一生は、莫大な損失を抱えた一生です。

「笑う門には福来る」という諺がありますが、あれは非合理な決めつけではありません。いつからわれわれが笑うようになったのかは不明ですが、すくなくとも現人類が生まれてから20万年のあいだは、笑って過ごしてきました。

そのあいだに観察を重ねた結論が「笑う門には福来る」なんですね。われわれ人類は「どうやらいつも笑ってる奴は、幸せになりやすいようだぞ」と、いつかの時点で気づいたんです。

たとえばビジネスシーンだって、微笑や笑顔には１００万ドルの価値があります。いつも穏やかな笑みを絶やさない人に限って、大きな商談をまとめてきたりするものです。まさに「笑う門には福来る」です。

逆に、損得勘定丸出しのビジネスマンは、なかなか笑わないものです。こういう人は相手からも警戒されます。

「笑ったら税金取られるくらいに思ってるんちゃうか？」

なんて思われたら、まとまる商談もまとまりません。

「どうせタダなんだから、ニコニコしとったらええやん」

これは商売のイロハです。人間は笑顔が好きな生き物なのです。

もちろん、損得勘定だけで生きてくると、自然な笑みを浮かべるのが難しくなります。そういう人が無理やり笑ってみせても「笑中《しょうちゅう》に刀《とう》あり」で、相手は「この人笑ってるけど、なにか魂胆あるんちゃうか」と思います。

もちろん笑顔には、人々の警戒を解く力があります。こんな話を先日ＮＨＫでやっていました。

イラク戦争でのことです。アメリカ軍が、イスラム教の尊師のところへ停戦協議に向かっていたところ、「尊師に危害を加えに来た」と勘違いした民衆に取り囲まれてしまいました。

言葉は通じない。だんだん険悪なムードになってくる。その時アメリカ軍の上官がすべての兵士に命じたのが「笑顔をつくれ！」ということでした。

「何でもいいからニコニコしろ！」と。軍隊でこんな命令を出すのも異例でしょうが、効果は抜群だったようです。

イラクの民衆も「おー、なんだ。攻撃しに来たわけじゃなかったんだな」と理解し、お互い笑顔になったと言います。「尊師はこっちだよ」ってね。

笑顔の価値は万国共通です。国境も民族も世代も超えて、すぐに伝わる最高のメッセージです。

どうか人間や社会を慈しむ心で、穏やかな微笑をいつもたたえる訓練をしてみてください。そう、国民の95％が仏教徒で、「微笑みの国」と呼ばれるタイの人々のように。これだけで人生は必ず変わります。最後に一言。一番いいのは笑って死ねること。これが究極の人生の終わり方ですね。

気にしい 44

いつ災難にあうかと不安になる

「災難にあう時は災難にあうがよく候」

大地震が来たら誰でもパニックに陥ります。しかし、来てからパニックになるのと、いつ来るかも知れないものに対して恐怖を感じながら生きることは、根本的に違う問題です。

地震はいつ来るかわからないものなのです。もちろん、近い将来、あなたの住んでいるところに来るかもしれない。しかし、来ないかもしれない。こんなことは、誰にもわかりゃしないのです。

これは有名な逸話ですが、良寛さんが知人に書き送ったこんな文章がありますね。

「災難にあうときは災難にあうがよく候　死ぬときは死ぬがよく候

これはこれ　災難をまぬがれる妙法にて候」

なるほど、これはひとつのものの見方ですね。

「何か自分に都合の悪いことが起こりそうだぞ」と思うと、人はジタバタします。そこから逃れようとあくせくします。

しかし、この「ジタバタ」「あくせく」こそ苦そのもの。苦をつくり出す原因です。まだ実際には起きていない災難を、心の中で勝手に災難に仕立ててあげてしまっているのですね。良寛さんは「それをやめなさい」と遠回しに諭しているのです。

宇宙規模でものごとを考えてみれば、何も私やあなたのために宇宙や地球が存在しているわけではありません。地震も台風も噴火も、すべては「ただ単にそこで起きている」だけなのです。それが自然というものの本質です。

自然というものは、私たち人間をはじめとする生き物の都合とは別次元のところで動いているのです。結局、人間は自然に敵いません。自然が動きだした時、人間にできるのはただそれを受け入れることです。悲しいと思うかもしれません。怖いと思うかもしれません。しかしこれは真理です。真理はどこまで行っても真理です。自然と同じく、真理は受け入れるより仕方ないものなのです。

実際、真理を体得している禅の老師ともなりますと、「まだ来ぬ大地震に怯える」なんて心性は、これっぽっちも持ち合わせていないようです。それどころか実際に坐禅を組んでいる時に地震に襲われたこともあるのですが、誰も微動だにしませんでした。

いま思うと不思議なのですが、なぜ誰も動かなかったのでしょう。ひとつには、どうせ道場には身を隠す場所なんてどこにもないということが考えられますが（笑）、やはり坐禅の持つ功徳と考えたいところです。

もちろん、こんな態度がいい、と言っているわけではありませんよ。大地震や大津波が来たら老師だって逃げだすに決まっています。しかしすくなくともそれは、「実際に来てから」行動に移すことであって、来る前からクヨクヨ考えることはいっさいしません。今地上に生きているすべての生物のＤＮＡは、現在のところ「史上最強のＤＮＡ」です。これには「恐怖を察知する」「いつもビクビクしながら生きる」といったプログラムが組み込まれているにちがいありません。だから淘汰されずに生き残ってきたのです。

しかし、それに忠実に生きるだけではつまらない。本能に忠実な人生は苦多き人生です。まだ来ないものに怯えながら生きる愚だけは犯したくないものですね。

ゆる悟り 「シタバタ」「あくせく」こそ、苦そのもの

気にしぃ 45

いつ自分が「死」んでしまうのか怖くて仕方ない

誰しもが死亡率100%

私は坐禅を始めてからというもの、「明日死んでもいい、明日死んでも後悔はない」と思うようになりました。

ところが最近、心境の変化がありました。やっぱりできたら、長生きさせてもらえたほうがいいかな、と思うようになったんです。

「90歳、100歳にならなければわからないことがあるんちゃうか？」

こんなことを思って、許されるならば一分でも一秒でも長生きしたいと思うようになりました。こうした心境の変化を後押ししてくれたのが、戦国時代の武将・山内一豊の妻、千代の言葉でした。彼女はいつも言っていたそうです。

「明日はもっと良くなる」と。

戦国時代は、本当にいつ死んでもおかしくない世相です。だからこそこの言葉には重みがあります。

毎日を精一杯生き抜いて、寝る時には「明日はもっと良くなる」と自分に言い聞かせる。極論すれば、人生はこのくりかえしでいいような気がします。

いいことも、悪いことも、やがてはすべて自分の人生を彩り、豊かなものにしてくれます。「明日はもっと良くなる」とさえ思っていれば、死んでいるより生きているほうがいい、という単純な真理に気がつかれることでしょう。

もとより死を忌んでいるわけではありません。良寛さんの「死ぬ時には死ぬがよく候」という思いは、いつでも自分の中にあります。

その覚悟はありつつも、やはり一分でも一秒でも長生きしたいと思う自分がいるのです。死よりも生がいいと見極めた自分がいるわけです。

「生死を明らめるは仏家の一大事なり」という言葉があります。

要するに、生きるとは何か、死ぬとは何かを明らかにするのが、仏門におる人間のつとめですよ、という意味です。

この「生」も「死」も、もちろん自分のこととして、です。

坐禅の修行をしていればわかります。たしかに自分の中で、死に対して決着がつく時が来るのです。己が死ぬ、ということに対してね。

これは言葉では説明できませんが、つまり「生死を明らめた」んです。だから死に対しては決着がついている。そして本心では「やっぱり死ぬのは嫌だな」と思っているんです。このふたつはまったく矛盾しません。

一休さんの辞世の句がありますね。

「昨日まで　人のことよと　思いしに　今日は我が身か　こいつたまらぬ」

一休さんらしいユーモアにあふれたものです。一方では「世の中は　起きて稼いで寝て食って　後は死ぬを　待つばかりなり」と歌った一休さんですら、とうとう自分が死ぬ段になると「こりゃたまらぬ」と思ったわけですね。

禅僧らしい率直無比な感想です。一休さんは臨終間際に「死にとうない！」と叫んだとも言われています。生を明らめ、死を明らめた人だからこそ持つ振幅の大きさと言うべきでしょう。天晴れな態度です。

「死を明らめる」と言っても、なにも難しいことではありません。要するに人間の死亡率は１００％、だからいつか自分も死ぬ、ということを心底から体得することです。自分のものとして得るんです。

そうなると生を明らめることもできます。死に対しては決着がついているので、心が生に向かっていくんです。生へのエネルギーが満ちあふれてくる。すると「死にとうない！」という境地に至るのかもしれません。

どうぞご自分の死を明らめることに専念なさってください。そうすれば「気にする」ことを超越した、充実した生が拓けてくるはずですから。

おわりに

私は43歳で社長をクビになり、どん底の苦労をして、「この自分をなんとかしなければ」という思いから禅と出会いました。そして坐禅を通して仏法を学び、自分を学び、知らず知らずのうちに自我が小さくなっていって、「苦」からまあまあ抜け出す事ができるようになったのです。

自分が苦労したから、同じように苦労している人を見ると「こうすればなんとかなるよ」と教えてあげたいと思うようになりました。でも、生きている限り「苦」が全くなくなることはないでしょう。多かれ少なかれこれからも「苦」はある。でも、それで良いのです。「苦」の状況はさまざまで、そこから抜け出す答えはひとつではありません。しかし「苦」から抜け出す経験を積めば積むほど、結果として自分の人生が充実してくるのを感じることになるでしょう。私がそうでしたから。

人間は人間として生まれる限り、煩悩という泥の中でのた打ち回るようにできているのです。ただ、禅のありがたいところは、毎日坐禅をしていくと、自分の脳に生理学的な変化が起り、今の自分の心にハッと気づくことが数多く出てくること。「煩悩即菩提」、ハッと気づくたびに、煩悩が菩提心に変わっていくのです。ゴチャゴチャ難しい説明はいりません。坐禅をし、感情をコントロールすれば心が楽になる。これだけでよいではないですか。心が楽になれば楽になった分、色々なことが気にならなくなります。

さて、私自身、ここに書いたことが全部できているかというとそうではありません。自分でも驚くくらい、自分の心の中にはまだまだ色々な欲望、自我が渦巻いています。坐禅をしていても「これでもか、これでもか」と次から次に欲望や自我が出てくるのですね。こうして本やブログを書くのも、書くことでみなさんにメッセージを伝えると同時に、もういちど自分に何が正しいか言い聞かせているのです。

完全な人間などこの世にはいません。みんな悩みがあるし、不安もあります。欠点を言いだしたらきりがないですね。放っておけばストレスだらけの社会ですけど、もっとみんな楽に生きましょう。

「大丈夫！　人生、なんとかなる」ですよ。

最後に、この本を今まで私を支えてくれた妻に捧げたいと思います。

合掌　仏光

編集協力　平井伸行
装　幀　市原シゲユキ（SUPER MIX）
イラスト　ゼリービーンズ
校　正　ペーパーハウス
編　集　内田克弥（ワニブックス）

気持ちを切り替える感情コントロール術
「気にしない」練習

著　者　仏光

2012年6月2日　初版発行
2024年5月20日　2版発行

発行者　横内正昭
編集人　青柳有紀
発行所　株式会社ワニブックス
〒150-8482
東京都渋谷区恵比寿4-4-9えびす大黒ビル
電　話　03-5449-2711（代表）　03-5449-2716（編集部）
印刷所　株式会社美松堂
DTP　株式会社三協美術
製本所　ナショナル製本

ISBN 978-4-8470-9073-8